Mein buntes Bilder-lesebuch

Zum Vorlesen,
Mitlesen und Selbstlesen

Ravensburger Buchverlag

Inhaltsverzeichnis

Die Abenteuer des kleinen Piraten

Mit Bildern von Markus Grolik
Erzählt von Ingrid Uebe

Ein kleiner  lebte einmal

in einer windschiefen  nahe

am großen 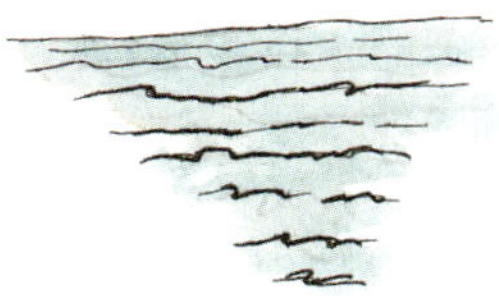 . Bei günstigem

 segelte er mit seinem 

durch die  . Er hatte sein 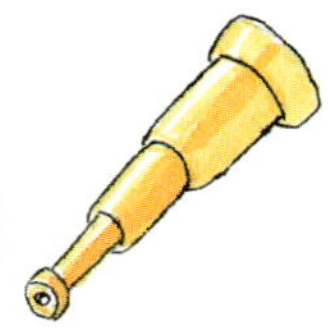

immer dabei. Über sich sah er die

 . Unter sich sah er die  .

Aber niemals sah der

kleine  die großen  ,

von denen er träumte.

Da dachte der kleine  :

Ich muss weiter auf das 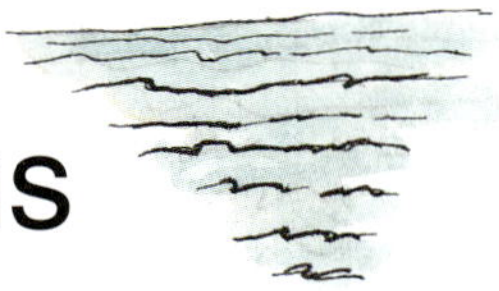 hinaus!

Ich muss große  kapern!

Ein echter  fürchtet sich nicht.

Aber die  ging auf und unter.

Und der kleine  blieb immer

nahe bei seiner  . Er wollte auf

dem großen 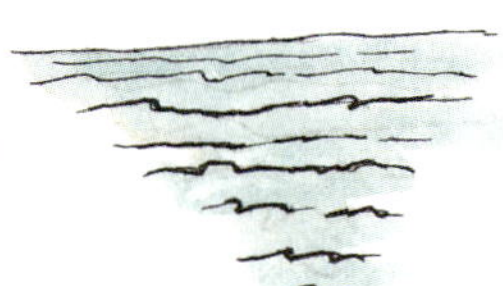 nicht allein

sein. Abends saß er vor der 

und sah betrübt in den  .

„Wer kommt mit auf mein  ?“,

rief er. „Wer fährt mit aufs 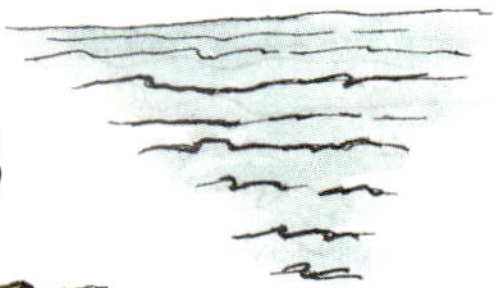 ?“

Auf dem  der  hockte

eine  .

Gleich daneben turnte ein 

in einer  herum.

Unten saß eine  auf einem

 . „Ich fahre mit!“, rief die  .

„Ich auch!“, rief der  .

„Ich auch!“, rief die  .

„Na, fein!“, sagte der kleine  .

Als die  aufging, stiegen sie

alle  in das  . Bald

war die  nicht mehr zu sehen.

Nur noch weiße  und blaue

 waren um sie herum.

Aber der kleine  fürchtete sich

kein bisschen. Die  schlief

mit in seinem . Der

 saß oben im  und ließ

sich den  um die 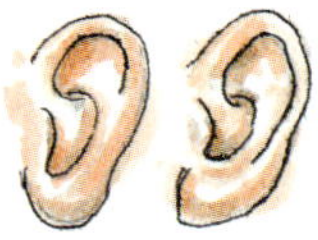 wehen.

Noch höher kreiste die  mit

ihren schneeweißen  immer

um das  herum. Der kleine 

hatte fast vergessen, warum er

aufs 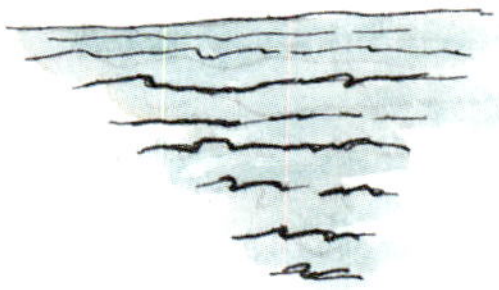 hinausgefahren war.

Endlich rief der  : „Großes

 voraus!“

„Ja, ja, ja!“, kreischte die  .

„Wo denn?“, fragte die  . Und der

kleine  griff eilig nach seinem 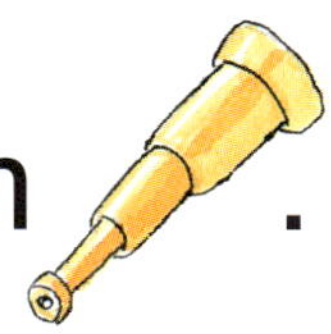 .

Da kam wirklich das größte

 , das er je erblickt hatte!

Sein  klopfte schnell.

Aber das große  fuhr an dem

kleinen  einfach vorbei.

Nicht lange danach rief der  :

„Nette  voraus!“

„Ja, ja, ja!“, kreischte die  .

„Wo denn?“, fragte die  .

Der kleine  riss die 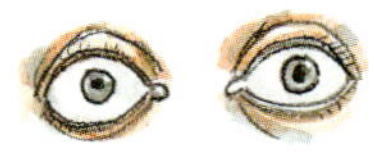 auf.

Dicht vor dem  schwamm eine

schöne  und winkte ihm zu.

Schon wollte der kleine  ins

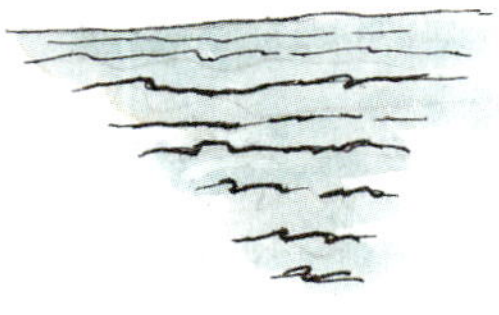 springen. Aber der 

und die  hielten ihn fest.

„Komm doch, kleiner  !“, rief die  und streckte ihre weißen 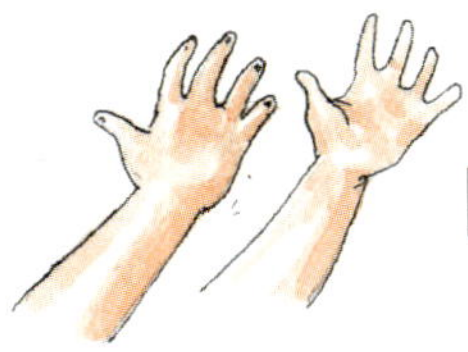 nach ihm aus. „Komm mit mir! Die großen  tief unten im 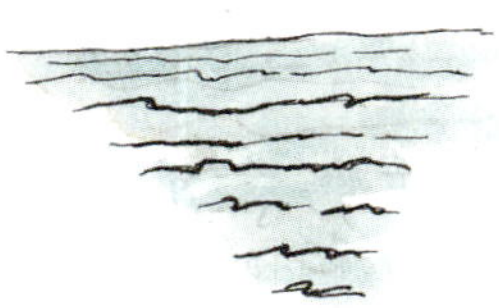 werden dich reich machen.“

Der kleine  seufzte: „Schöne , du gefällst mir sehr gut. Aber was soll ein echter  denn unten im 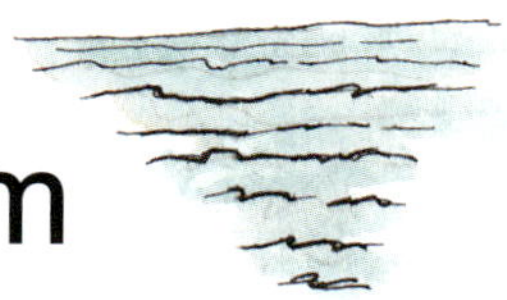 ? Ich muss bei meinem  bleiben.“

„Schade!“, sagte die . Und weil sie ihn in ihr  geschlossen hatte, schenkte sie ihm eine goldene . Die stammte von den großen  tief unten im 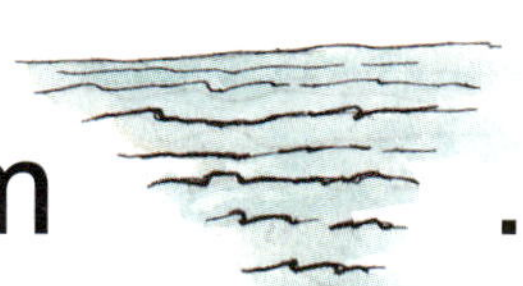.

Der kleine  bedankte sich

und hängte die goldene  um

seinen 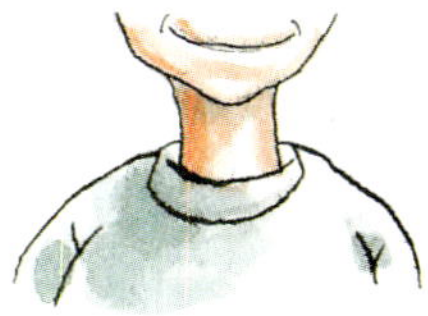 . Die  winkte

und tauchte allein ins 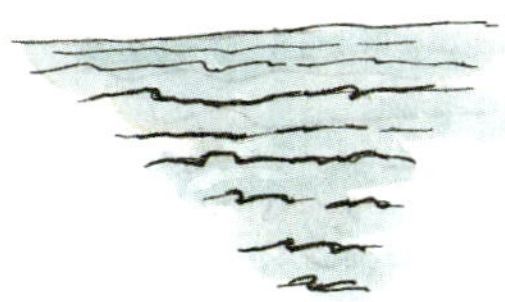 hinab.

Das  segelte weiter.

Bald darauf zogen schwarze 

vor die  . Dann zuckten die

ersten  herab. Es folgte der

 . Ein heftiger 

kam auf und peitschte die  .

Der kleine  rang verzweifelt die 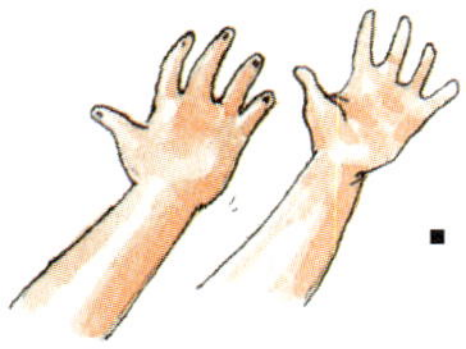. Eine riesige  überspülte das . Schon brach der . Schon zerriss das . Das  sank. Nur ein paar  blieben von ihm übrig. Die  setzte sich auf das erste. Der  kletterte auf das zweite.

Die  erklomm das dritte.

Der kleine  erwischte den .

Sein 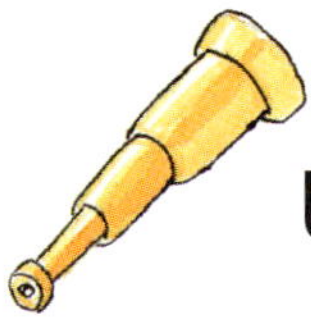 und ein  hielt er fest

in der 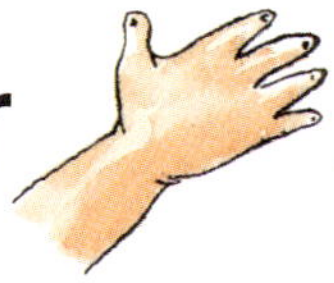. Endlich legte sich

der . Die 4 atmeten auf.

„Gerettet!“, rief der kleine .

Er band den  und die drei

 mit dem  zusammen.

Ein paar kleinere  nahmen

sie als 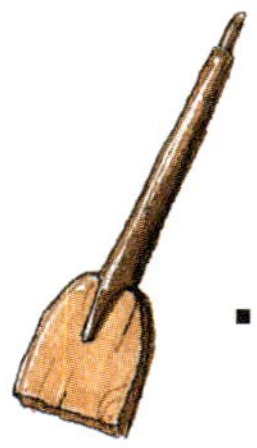. So ruderten sie immer

der  entgegen. Nur die 

ruhte sich aus. Endlich kamen sie an

eine schöne, grüne .

Der  rief: „Da gibt es !“

Die  rief: „Und !“

Die  rief: „ sowieso!“

Auf der  wohnte aber ein

grässlicher  .

Der schnaubte , als er sie sah.

„Fort mit euch!“, rief er. „Meine 

ist für  verboten!“

„Ach, lieber Drache“, rief der kleine

 . „Wir können nicht wieder aufs

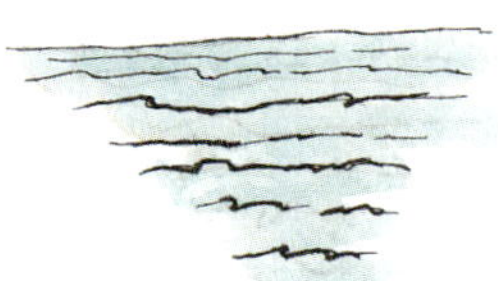 zurück. Die dünnen 

tragen uns nicht länger.

Lass uns auf deine  !“

Der  fragte:

„Was kriege ich denn dafür?“

„Meine goldene .“ Der kleine 

nahm die  ab. Und der 

hängte sie sich schnell um den .

„Und ihr?“, fragte der 

die anderen. „Habt ihr auch ?“

„Nein“, sagte der , „aber ich kann

dir  pflücken.“ „Und ich“, sagte

die , „kann dir  fangen.“

„Und ich“,

sagte die , „kann auf meiner 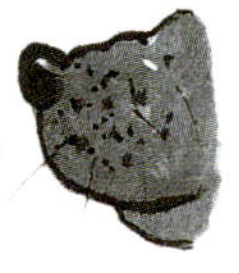

für dich eine  tanzen lassen.“

Da nickte der 

und ließ sie auf seine .

Als die  ins  sank,

machte er ein hübsches  .

Alle setzten sich darum herum

und brieten die  . Dann aßen

sie die  . Endlich ließ

die  eine  auf ihrer 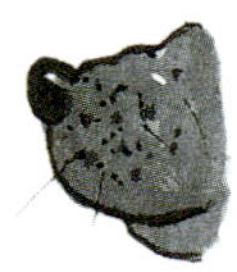

tanzen. Da lachte der  .

Der kleine  sagte: „Nirgendwo auf

der  ist es so schön wie auf

einer  mitten im  ."

Die Wörter zu den Bildern:

Affe 

Apfelsine 

Arm 

Auge 

Banane 

Bett 

Blitz 

Brett 

Dach 

Drache 

Fernglas 

Feuer 

Fisch 

Flügel 

Hals 

Hand 

Herz 

Hütte 

Insel 

Kette 

Mast 

Mastkorb 

Meer 

Mond 

Möwe 

Nase 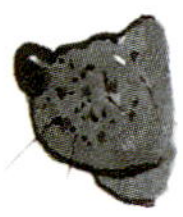

Nixe 

Ohr 

Palme 

Pirat 

Regen 

Rettungsring 

Robbe 

Ruder 

Schiff 

Schwanz 

Segel 

Segelboot 

Seil 

Sonne 

Stein 

Tür 

Vier 4

Welle 

Welt 

Wind 

Wolken 

Jonas geht in die Schule

Mit Bildern von Dagmar Geisler
Erzählt von Rosemarie Künzler-Behncke

Das ist Jonas . Er geht gern in die 

. Nur heute läuft alles schief. Als der  klingelt, steckt  seine 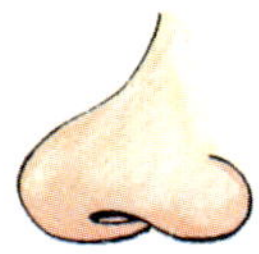 ins 

 und schläft weiter. Da zieht Mama  ihm die  weg. „Schnell, schnell! Sonst kommst du zu spät!“ Am  reißt ein 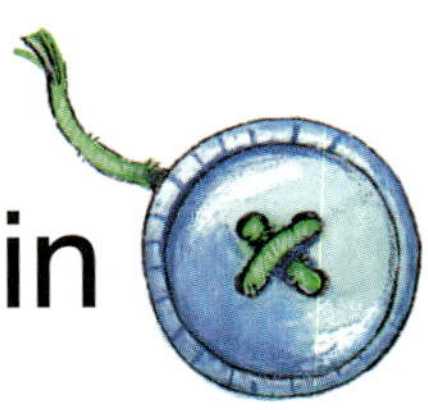 ab. Der 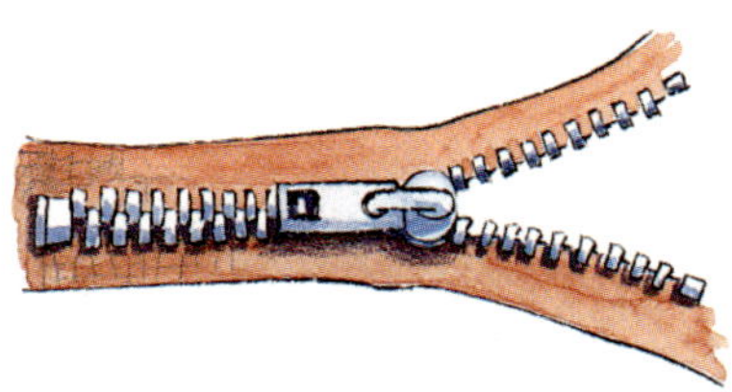 von der 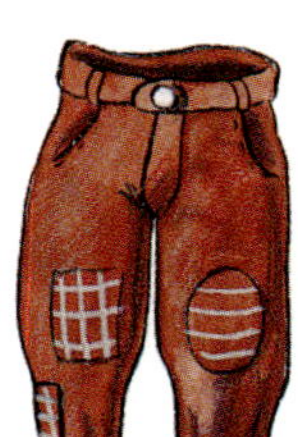 klemmt.

123

Ein  vom  reißt ab.

 spritzt ihm ins 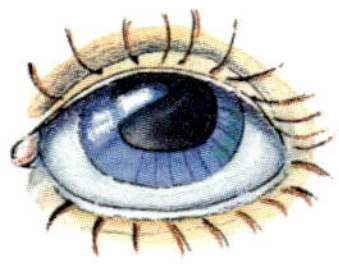 . Am 

kippt der  mit 

um.

 stampft mit dem 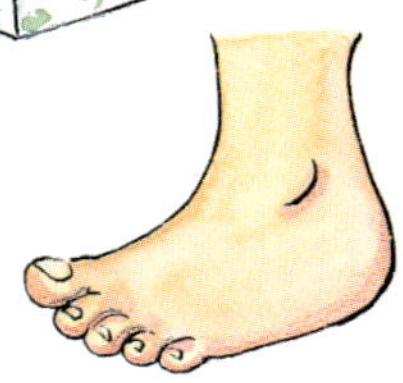 auf –

der  genau auf den 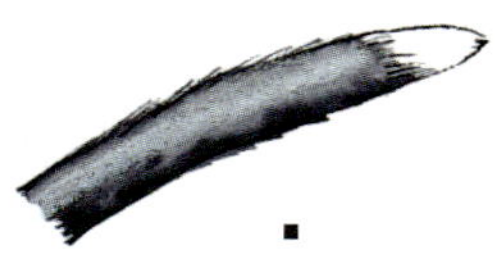 .

Verflixt! Wo ist der  ?

Ach da, hinter dem  .

 knallt die 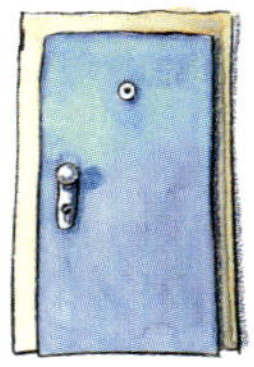 hinter sich zu.

Er rutscht auf dem 

nach unten.

Draußen am  steht schon Anja , seine Freundin. Wie gut, dass  gewartet hat! Die beiden machen alles zusammen: auf der 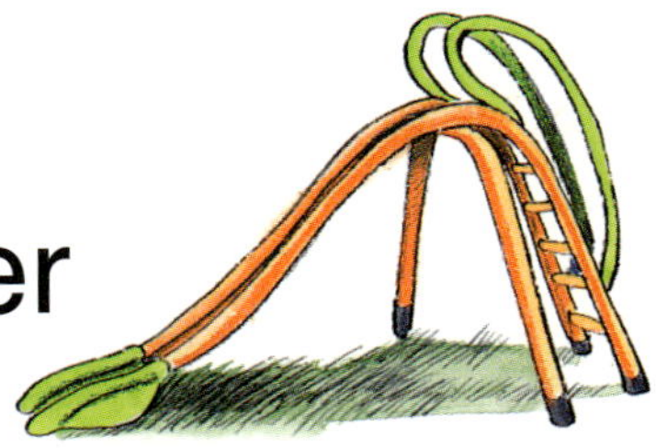 rutschen, auf der  wippen oder eine  bauen.

Und morgens laufen sie 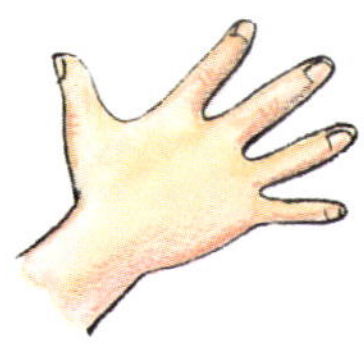

in 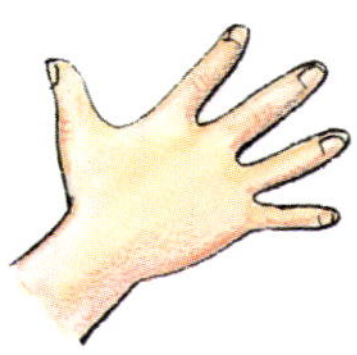 zur 

.

Ihre  tanzen auf den 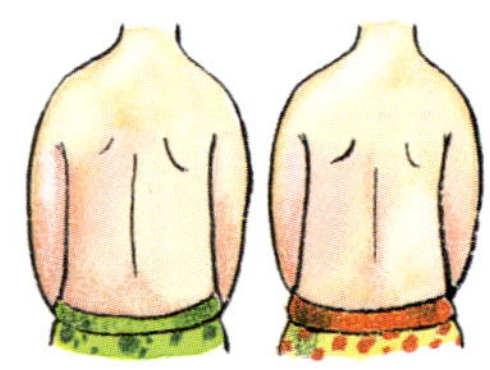 .

Am  müssen die 

warten.

Da ist die  . Gerade läutet

die 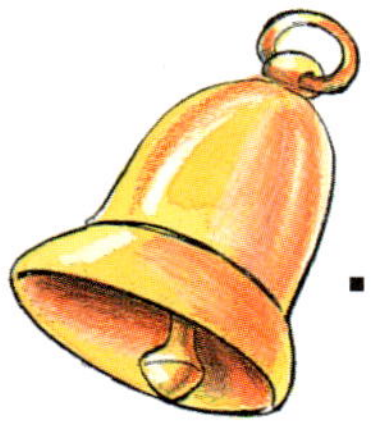 . Die Lehrerin, Frau  ,

steht vorne an der  .

 und  setzen

sich nebeneinander auf ihre  .

Alle  singen: „  , du

hast die  gestohlen.“

Dann dürfen sie malen.

 sucht seinen  . Nanu, wo ist er?

In der 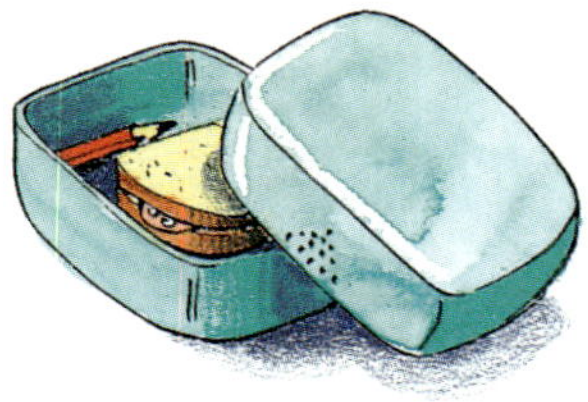 !

A
B
C

Der  ist abgebrochen.

Wo ist der ? Na endlich –

zwischen den .  malt

eine . „Mal mir auch

eine!“, sagt . Aber 

schüttelt den . Da malt 

der  von  eine

 und einen braunen .

 findet das lustig und kichert.

Aber  ärgert sich ziemlich.

Was fällt denn jetzt  ein?

Er kippt den  von  aus.

, drei 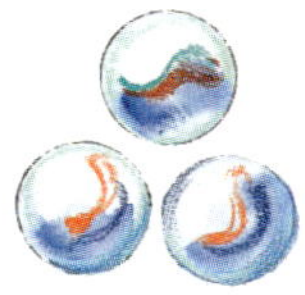, zwei 

und ein 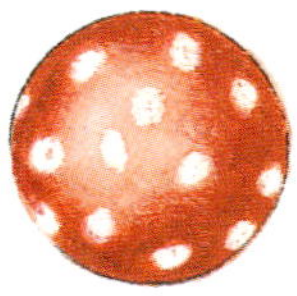 kullern heraus.

„Du bist vielleicht blöd!“, sagt .

„Das war meine !“, sagt .

„Du bist gemein!“

Als es läutet, nimmt  den

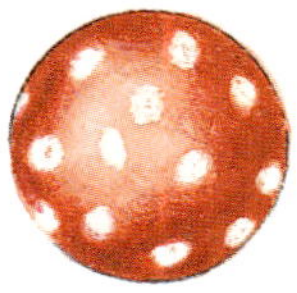 von  mit. Er will draußen

mit  spielen. Aber  hüpft

lieber mit dem 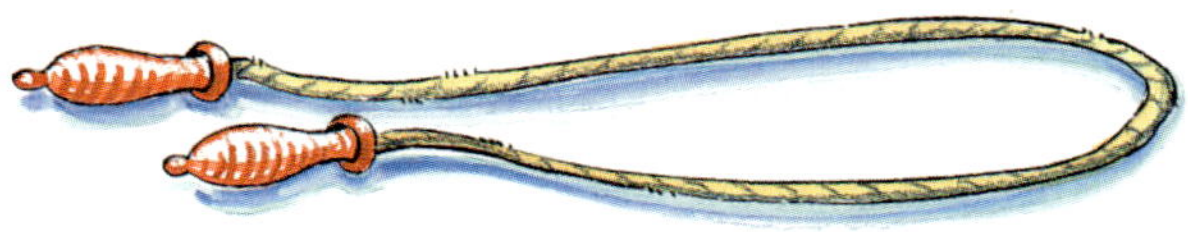.

Da schießt  den  von 

gegen die  . Pang! Pang!

Immer höher. Plötzlich fliegt der 

über die 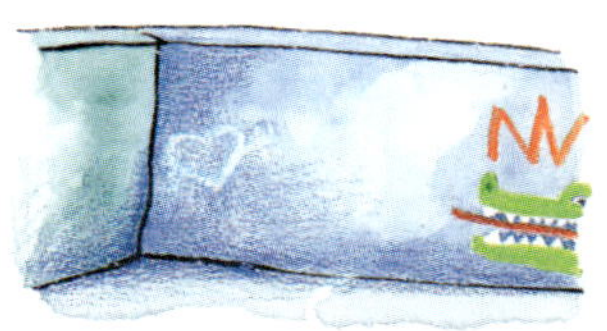 . Nein! Halt!

 kneift die 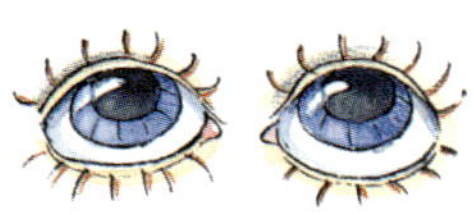 zu.

Wäre er doch nur auf dem  !

Stattdessen sitzt  wieder auf

seinem  . „Steck die 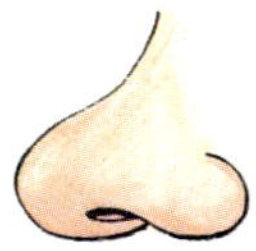

ins 

!“, sagt Frau  gerade.

Aber  kann nur an den 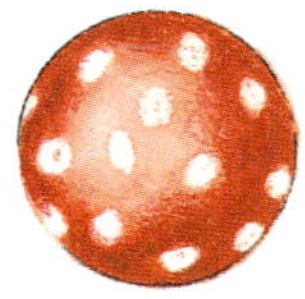

denken. Die 

tanzen

vor seinen 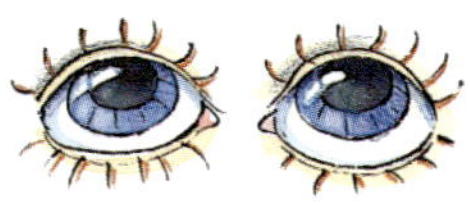 .

 liest: „DA BELLT EIN  .

DA QUAKT EIN 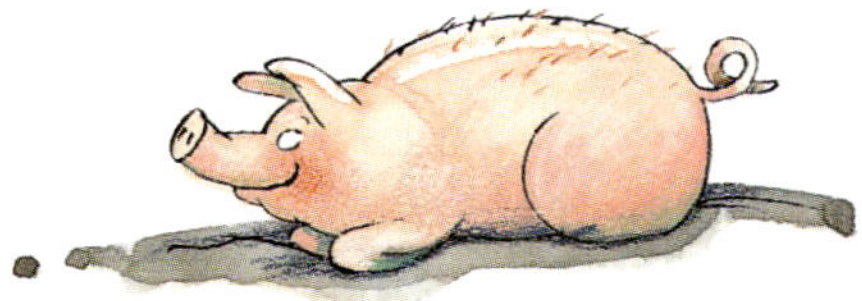 .“

Frau  wundert sich: „  ,

was hast du denn im  ?“

Na, den 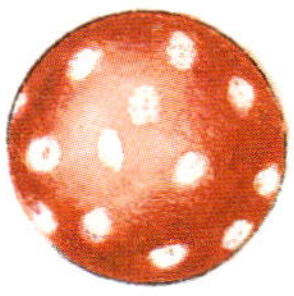 natürlich! Da läutet es.

Die  stürmen mit ihren 

aus der . „Wo ist mein 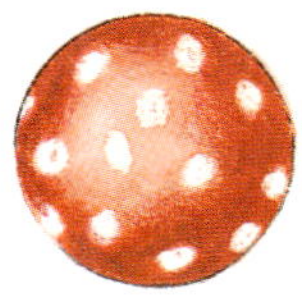 ?“,

fragt . „Über die  geflogen!“,

sagt . „Du hast wohl nicht mehr

alle  im  !“,

schreit . Sie streckt 

die 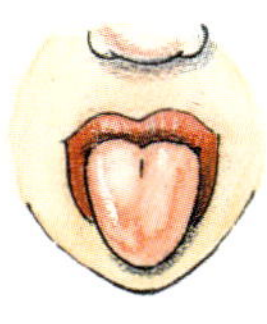 raus und rennt davon.

 tut der  weh.

Streiten mit  ist gar nicht schön.

 muss den 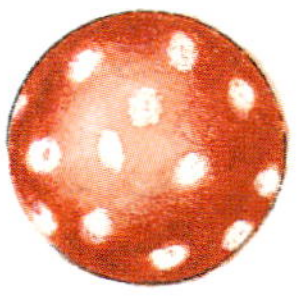 finden! Hinter der  fängt der  an.  sucht zwischen den . Nichts! Er sucht unter den . Da liegen nur leere  und .

Ob der 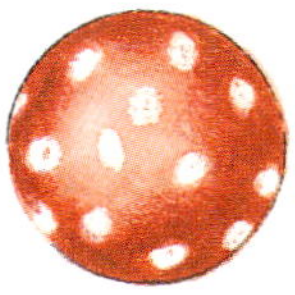 in den 

gefallen ist? Da kommt ein großer

 angelaufen. Und was hat er

im 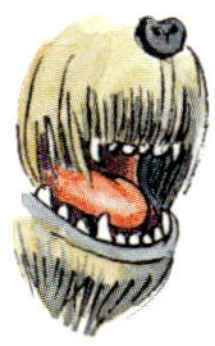 ? Den  !

 hält dem  sein

 hin. Plötzlich lässt der 

den 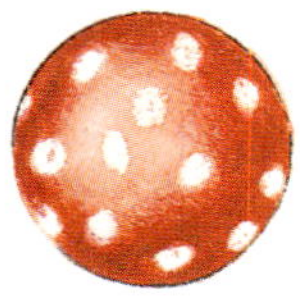 fallen. Er saust mit

dem leckeren  im  davon.

Hurra!  möchte die ganze

 umarmen. Er wischt den 

mit seinem  ab. Dann

klemmt er den 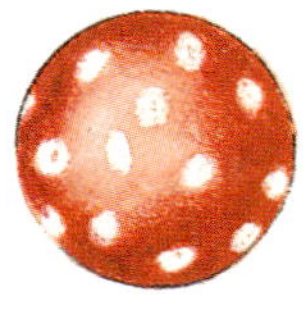 unter den 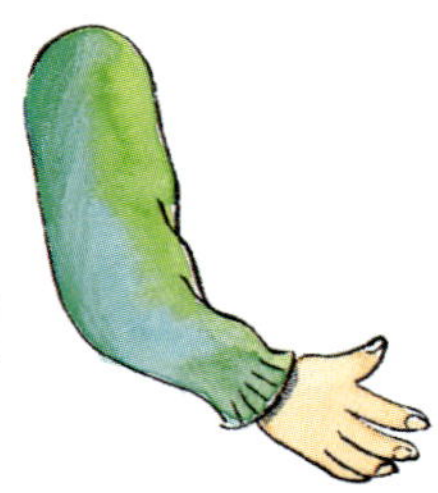

und läuft zu dem , in dem

 wohnt.

 klingelt. Da geht auch schon

die 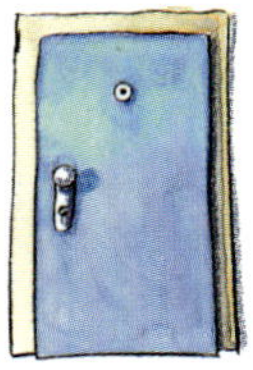 auf. Und  steht vor

ihm. Ihre 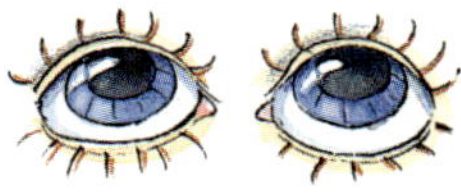 fallen auf

den 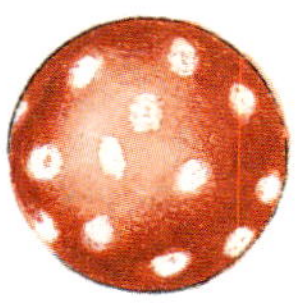.  lacht.

Dann nimmt sie den 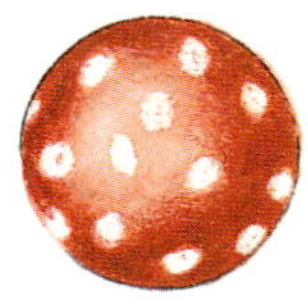 in die

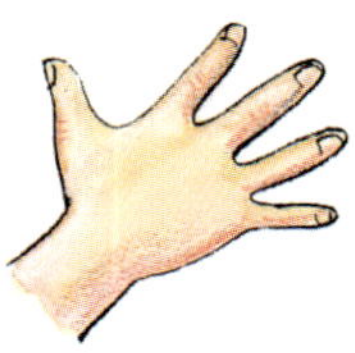 und hüpft vergnügt von einem

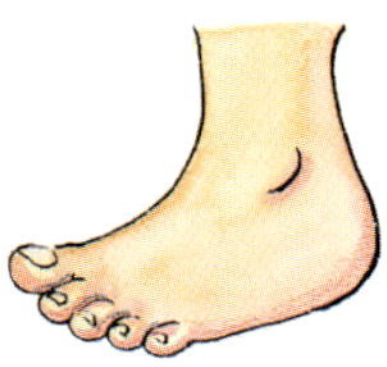 auf den anderen.

„Danke, ! Du bist lieb!“,

sagt  und lächelt.

Ihre 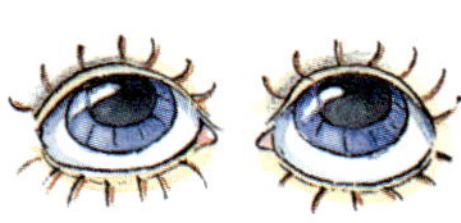 strahlen  an.

 fühlt sich wie ein  .

Sein  klopft wie wild.

 tanzen in seinem 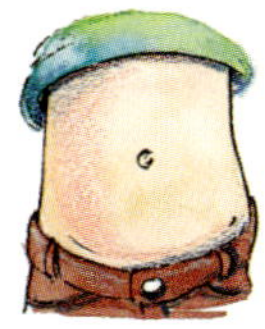 .

Plötzlich merkt , dass die 

scheint und die  singen.

Und morgen kann  wieder

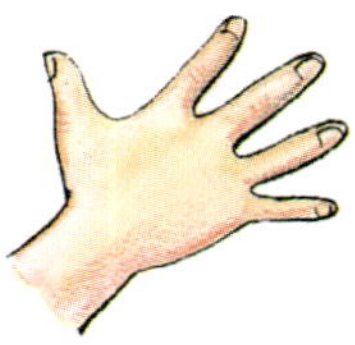 in 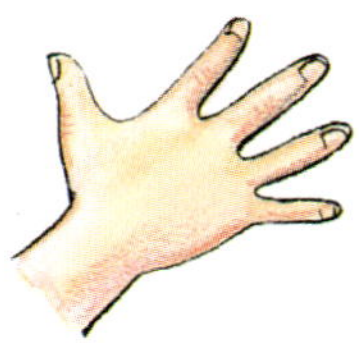 mit  in die

gehen.

Die Wörter zu den Bildern:

Jonas 

Schule 

Wecker 

Nase 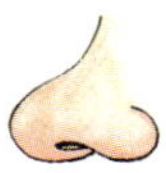

Kissen 

Mama 

Decke 

Pullover 

Knopf 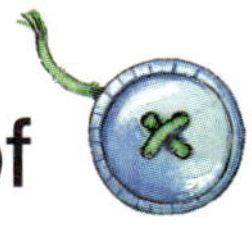

Reißverschluss 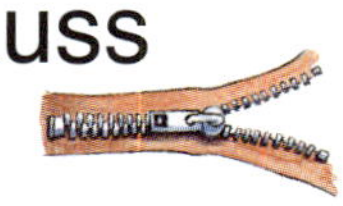

Hose 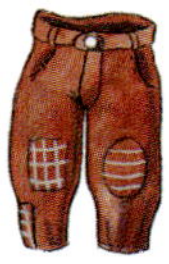

Schnürsenkel 

Schuh 

Zahnpasta 

Auge 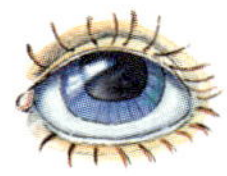

Tisch 

Becher 

Milch 

Fuß 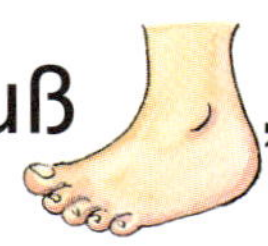, Hand 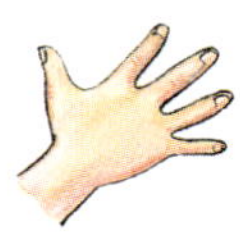

Katze 

Schwanz 

Ranzen 

Schrank 

Tür 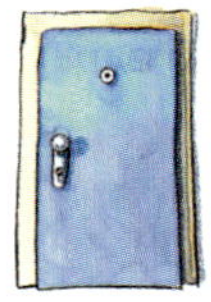

Treppen-
geländer 

Zaun 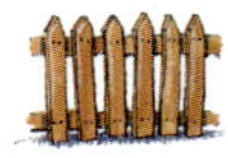

Anja 

Rutsche 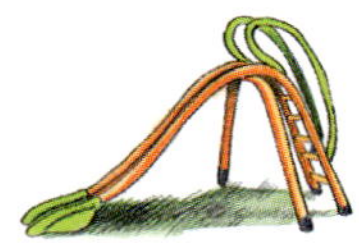

Wippe 

Burg 

Herz 

Rücken 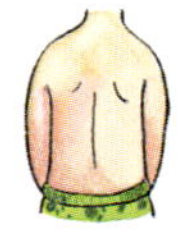

Zebrastreifen 

Autos 

Glocke 

Vogel 

Tafel 

Stühle 

Kinder 

Fuchs 

Gans 

Bleistift 

Frühstücks-
dose 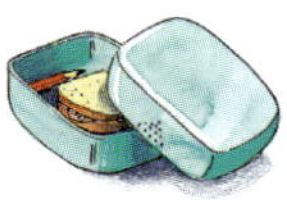

Spitzer 

Hefte 

Ente 

Kopf , Brille 

Schnurrbart 

Bücher 

Murmeln 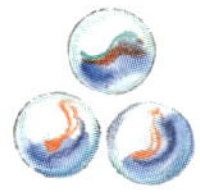

Bonbons 

Ball 

Springseil 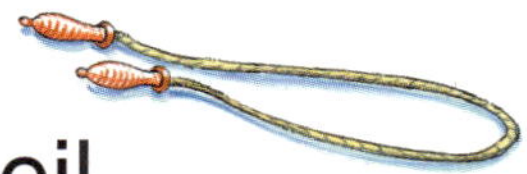

Mauer 

Mond 

Buchstaben

Huhn 

Schwein 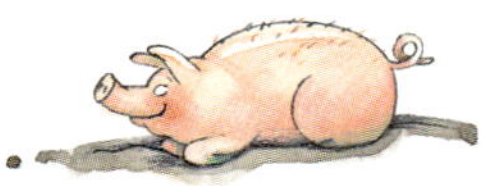

Tassen 

Zunge 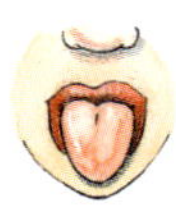

Bauch 

Park 

Bäume 

Büsche 

Flaschen 

Zeitungen 

Teich 

Hund , Maul 

Schulbrot 

Welt 

Taschentuch 

Arm 

Haus 

König 

Schmetterlinge 

Der kleine Dachs macht eine Reise

Mit Bildern von Leontine Schmidt
Erzählt von Rosemarie Künzler-Behncke

Der kleine

will eine Reise machen.

Soll er mit dem

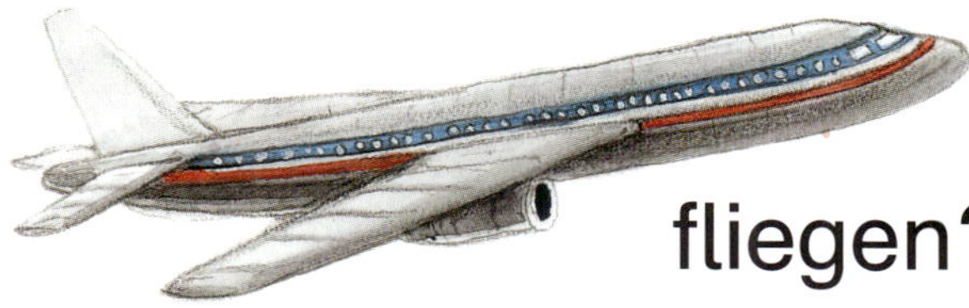

fliegen?

Soll er mit dem

fahren?

Soll er mit dem

reisen?

Nein!

Er will mit dem

fahren!

Der kleine  stellt sich auf den 

und holt seinen  aus dem  .

Zuerst packt er eine  ein. Dann

packt er zwei 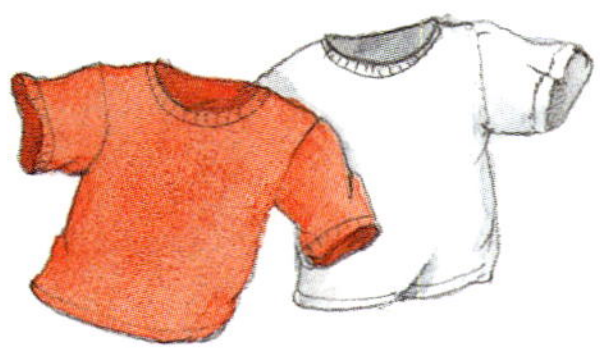 ein. Dann legt

er drei 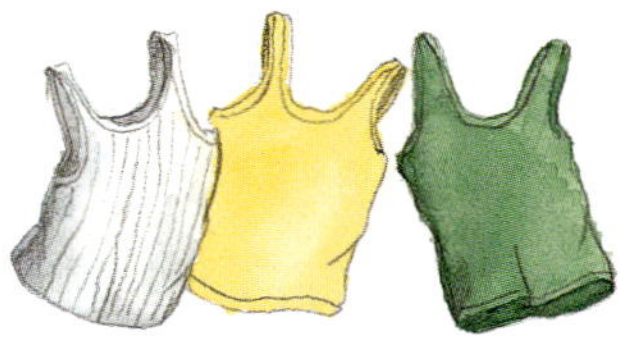 dazu. Und vier 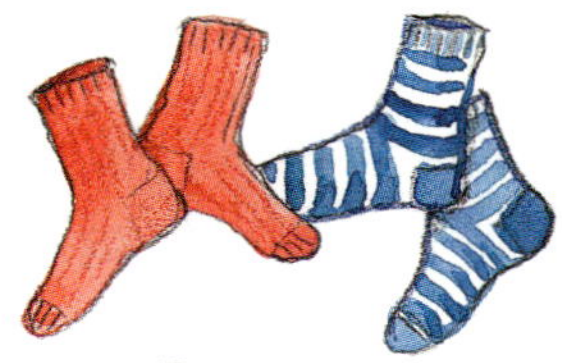 .

Und fünf . Der kleine  vergisst

auch die  nicht. Dann packt er noch zwei

 ein. Er legt drei 

dazu. Und vier 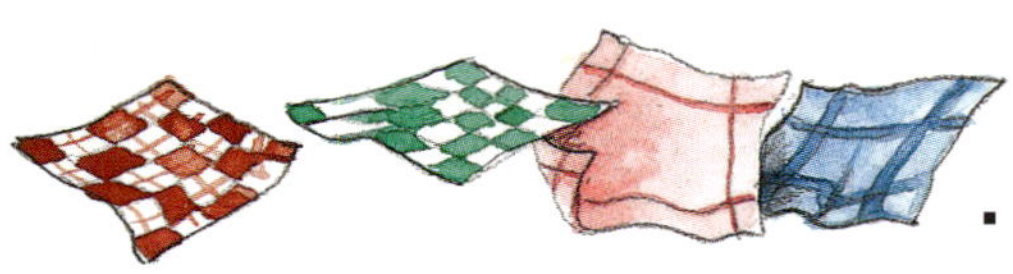 .

Und fünf  obendrauf.

Das Essen packt der kleine 

in einen  : einen  ,

zwei 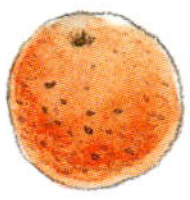  , drei  ,

vier  und fünf  .

Jetzt geht der kleine 

zum  .

Da steht schon der  .

Der kleine  steigt in einen 

und setzt sich auf eine  .

Da pfeift der  und hält die  hoch.

Der  fährt an und wird

immer schneller. Der kleine  schaut aus

dem 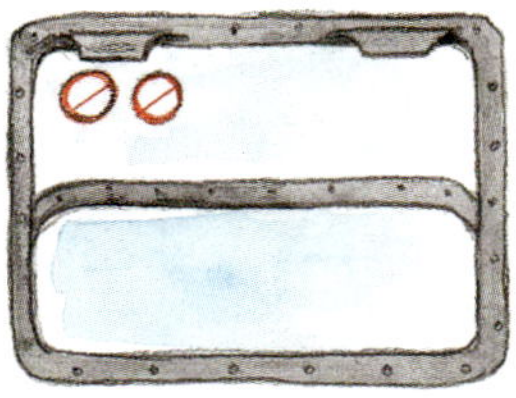 . Draußen sieht er einen

 und einen  .

Da hüpft ein  . Da grast ein  .

Die  scheint. Der kleine

 schläft ein. Als er aufwacht,

hält der  auf dem

nächsten  . Ein kleiner 

steigt ein.

„Hallo,  !“, sagt der kleine  .

„Hallo!“, antwortet der kleine  .

„Wo willst du hin?“, fragt der kleine  .

„Ich will ans  “, sagt der kleine  . „Und ich will in die  “, sagt der kleine  .

Der  und der  schauen aus dem 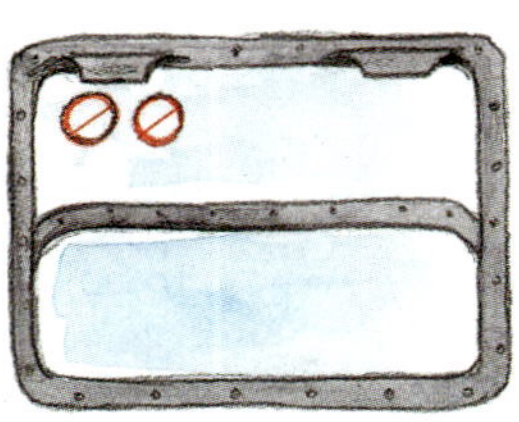 . „Ich sehe die  !“, schreit der kleine  . „Dann muss ich aussteigen!“, sagt der kleine  .

Der  hält. Der kleine

 nimmt den  und steigt aus.

Der kleine  schaut aus dem 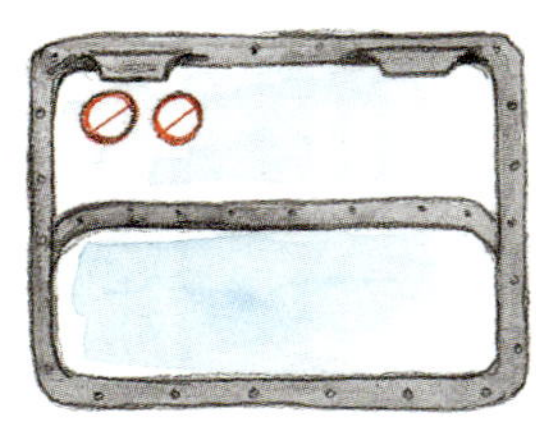

und winkt.

Der kleine  geht über eine 

am  entlang auf die  zu.

Die  scheint. Der  ist schwer.

Dem kleinen  tun die  weh.

Er nimmt den  ab und setzt sich ins

 neben den

 .

Da singt ein  . Da summt eine  .

Da krabbeln zwei  . Da schwebt ein  von  zu  .

Im  hüpft ein  . Der kleine  wirft  in den  . Er will mit einem  einen  fangen. Und auf einmal – plumps! liegt der kleine  im  . Puh! So ein Schreck!

Der kleine  klettert ans Ufer und schüttelt sich, dass die 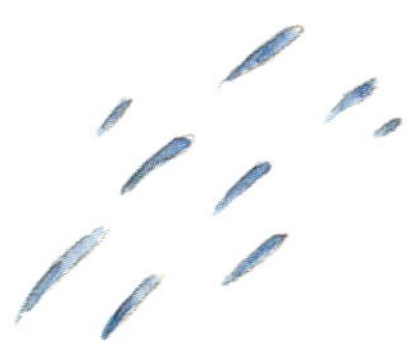 spritzen.

Dann zieht er sich die  aus.

Er hängt die  , den  , das  , die  und die 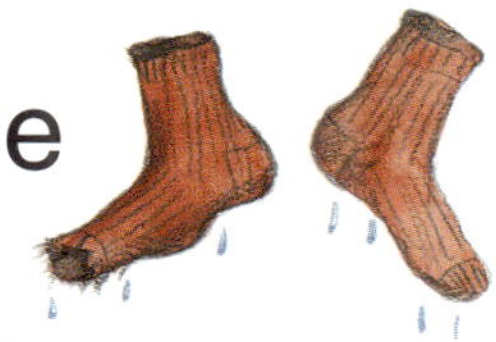 zum Trocknen in den  .

Der kleine  legt sich ins  und lässt sich die  auf den  scheinen.

Doch schon ziehen  auf. Der kleine  hat einen kalten 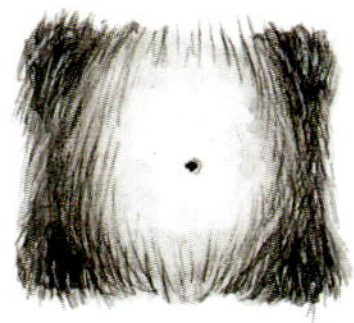 und einen kalten . Er macht den  auf.

Doch was findet er da?

Einen , zwei 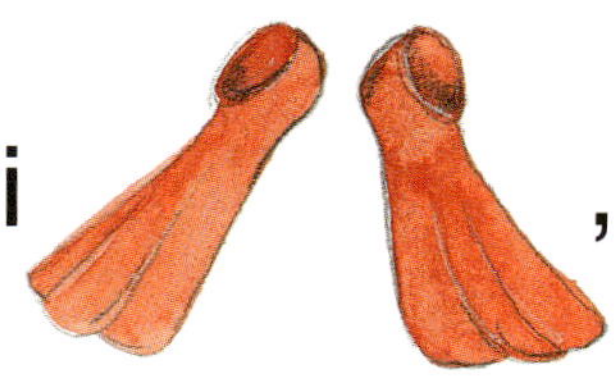, drei , vier 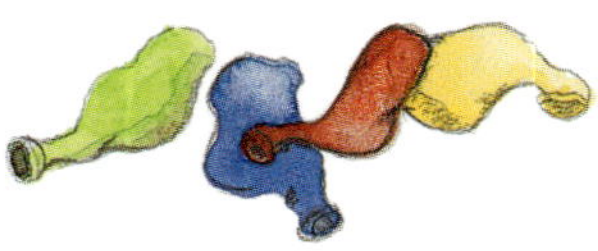, fünf  Limo. Der kleine  schüttelt den  und denkt: Das muss der  vom kleinen  sein.

Jetzt merkt er, dass er auch seinen 

mit dem , den zwei 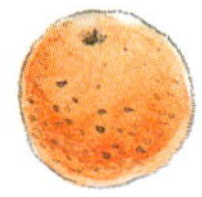 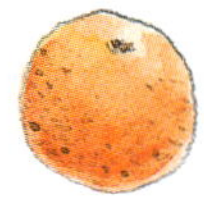, den drei

, den vier  und den fünf 

im  gelassen hat. Verflixt! Der kleine

 stampft vor Wut mit dem  auf.

Sein 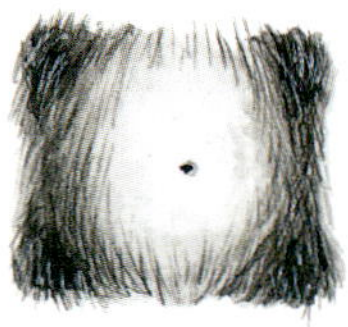 tut ihm weh vor Hunger. Da gibt es

nur eins, denkt der kleine . Er läuft über

die  zum nächsten .

Unterwegs pflückt er eine  und zwei .

Die Bäuerin gibt ihm drei  und vier .

Auf dem Rückweg pflückt der kleine 

noch fünf  . Dann setzt er sich

an den  und fängt an zu essen.

Zuerst verschlingt er die  . Dann die zwei

 , die drei  und die vier  .

Und zum Schluss die fünf  .

Da spitzt der kleine  die  .

„Hallo  !“, hört er den kleinen 

rufen. „Wo bist du?“

„Hallo  !“, ruft der kleine  zurück.

Und schon steht der kleine  vor ihm.

Er ist am nächsten  ausgestiegen

und bringt dem  seinen  und

den  . „Das  war mir sowieso

zu weit weg!“, sagt der kleine  . „Ich will

auch nicht mehr in die  “, sagt der

kleine  . „Gut, dass du gekommen

bist!“ Jetzt kann der kleine 

sich eine trockene  anziehen. Und ein

frisches  . Und einen trockenen 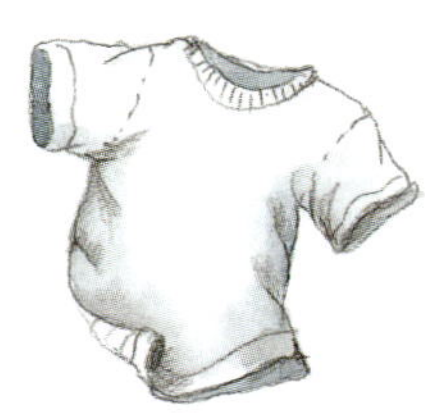 .

Nun setzen sich der kleine  und der kleine  neben den  .

Der kleine  ist ja schon satt, aber der kleine  hat großen Hunger.

Er verschlingt den  , die zwei 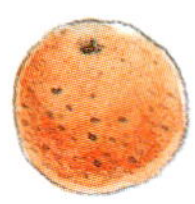 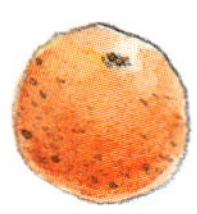 , die drei  , die vier  und die fünf  .

Dazu gibt es die  vom  .

„Und was machen wir jetzt?“, fragt der kleine  .

„Aufs  legen“, sagt der kleine  .

Der  geht auf. Die 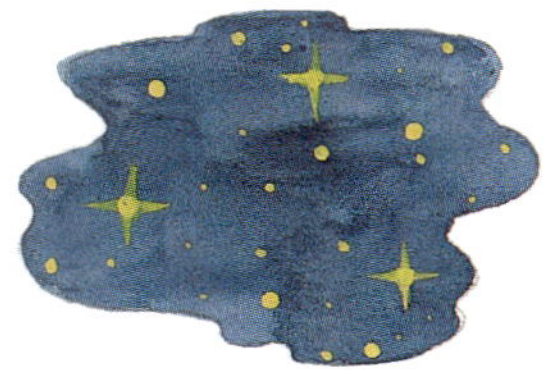 funkeln.

Da liegen der kleine  und der kleine  auf der  und schlafen  in  , bis die  wieder kommt.

Die Wörter zu den Bildern:

Dachs 

Flugzeug 

Auto 

Schiff 

Zug 

Stuhl 

Rucksack 

Schrank 

Hose 

Strümpfe 

Hemden 

Pullover 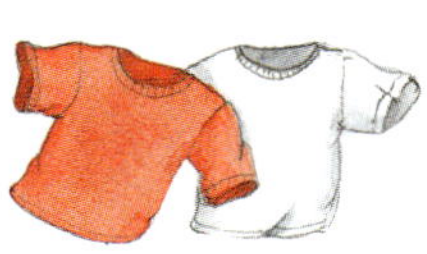

Unterhosen 

Zahnbürste 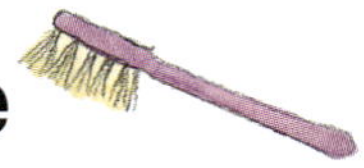

Waschlappen 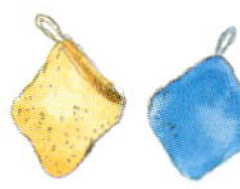

Handtücher 

Taschen-
tücher 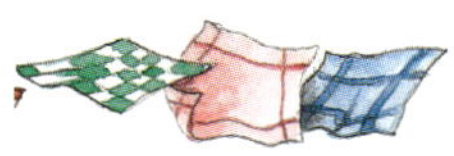

Bücher 

Korb 

Kuchen 

Orangen 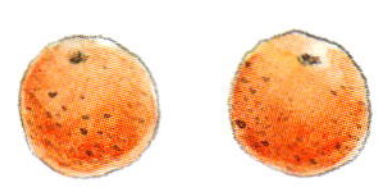

Bananen 

Äpfel 

Brezeln 

Bahnhof 

Wagen 

Bank 

Schaffner 

Kelle 

Fenster 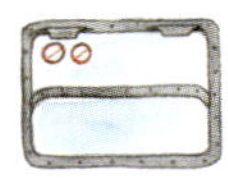

Wald 

See 

Hase 

Reh 

Sonne 

Maulwurf 

Meer 

Berge 

Brücke 

Bach 

Füße 

Gras 

Vogel 

Biene 

Ameise 

Schmetter-
ling 

Blume 

Frosch 

Steine 

Stock 

Fisch 

Tropfen 

Schuhe 

Baum 

Pelz 

Wolke 

Bauch 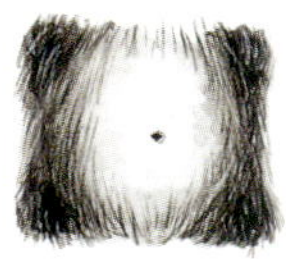

Po 

Ball 

Schwimm-
flossen 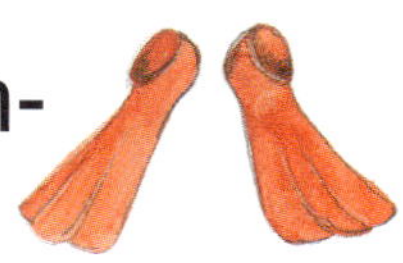

Sand-
förmchen 

Luftballons 

Dosen 

Kopf 

Fuß 

Wiese 

Bauernhaus 

Pflaume 

Birnen 

Möhren 

Tomaten 

Kirschen 

Ohren 

Mond 

Sterne 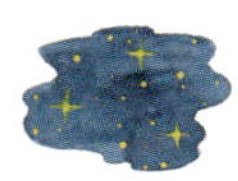

Pfote 

Wo ist dein Besen, kleine Hexe?

Mit Bildern von Erhard Dietl

Erzählt von Ingrid Uebe

Eine kleine  lebte einmal

in einem uralten  mitten

im . Aber sie war nicht allein.

Neben dem  gurrten

zwei . Unter dem 

wohnte eine . Ein 

saß in seinem  am .

Ein schwarzer  schlief neben

dem . Unter der 

wohnten drei .

Die kleine  hatte in dem uralten  alles, was sie so brauchte. Auch einen . Wenn der  schien, ritt sie darauf durch den . Sie ritt über  und . Hui, hui! Ihre 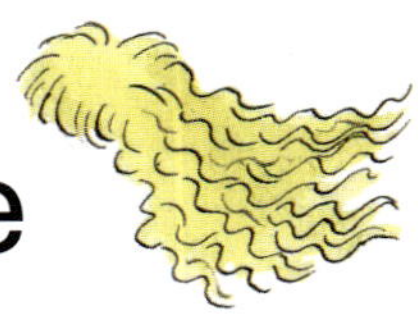 wehten nur so hinter ihr her. Der  trug sie zu einem hohen . Dort traf sie die anderen .

Alle  ritten auf ihren 

und tanzten mit den 

immer um den  herum.

Der volle  und die 

sahen ihnen dabei zu.

Einmal suchte die kleine 

ihren  vergeblich. Sie suchte

drinnen im  und draußen

vor der 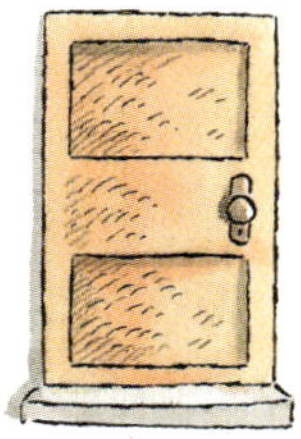. Aber der 

war fort. Gestohlen!

Die kleine  weinte viele bittere

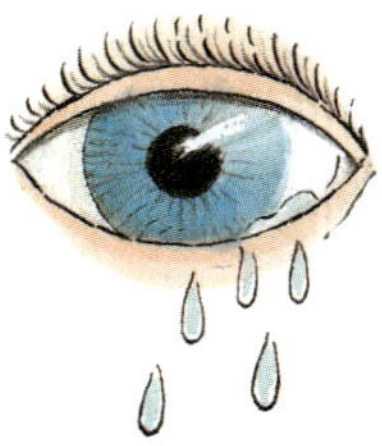. Wie sollte sie ohne 

auf den  zu den anderen

 kommen? Der 

war sehr weit.

„Oh weh!“, gurrten die  .

„Jetzt musst du zu 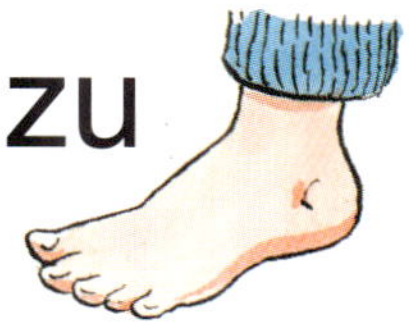 gehen.

„Leider hast du keine  wie wir.“

Der  krächzte:

„Lauf hinaus in den  und such

deinen  . Wenn du die 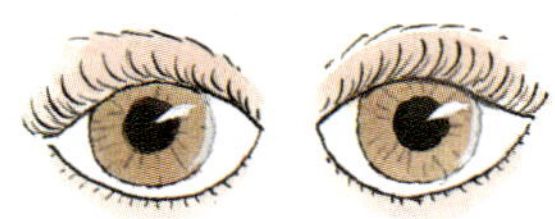

offen hältst, wirst du ihn schon finden.“

Der  rief:

„Ja, pack deinen 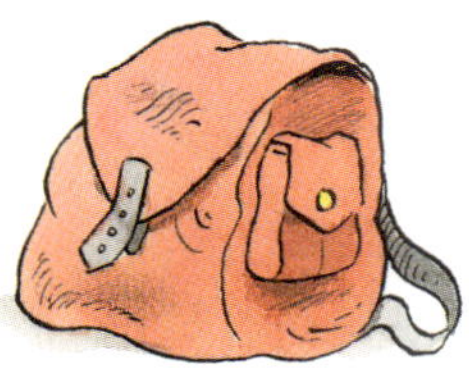 und mach

dich gleich auf den  !“

Die kleine  tat  und  in ihren 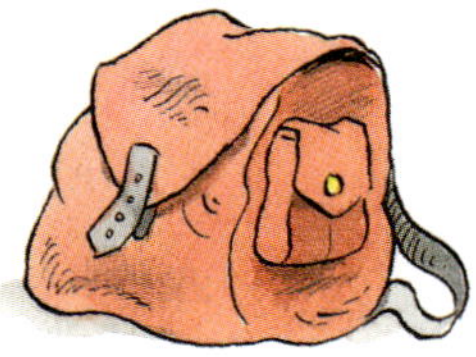, dazu ein paar . Dann ließ sie den  aus seinem  und legte ihr  um. „Ich komme mit“, sagte der  und lief vor ihr her aus dem .

Die kleine  lachte zufrieden. Sie schloss die  ab. Dann machten sie sich auf den .

Oh wie groß war der  !

Oh wie oft gingen  und 

auf und unter! Aber die kleine 

und der  suchten den 

leider vergeblich.

Als sie an einen  kamen,

tauchten sie 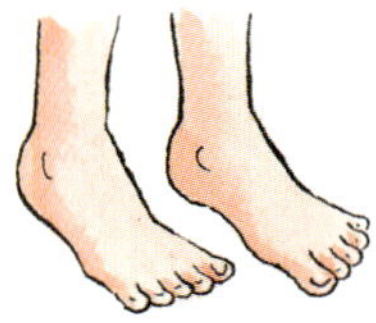 und 

ins  und ruhten sich aus. Sie

stärkten sich mit  und  .

Die  mochte der  nicht.

Da schwamm ein  vorüber

und fragte:

„Kleine , wo ist dein  ?“

„Weiß nicht“, sagte die  .

„Hilfst du mir suchen?“

„Nein“, rief der  und verschwand.

Bald darauf kam eine  den  entlang. Die fragte:

„Kleine , wo ist dein  ?“

„Weiß nicht“, sagte die kleine .

„Hilfst du mir suchen?“

„Nein“, rief die  und verschwand.

Die kleine  und der  gingen weiter. Da begegnete ihnen der .

Was hatte er für große 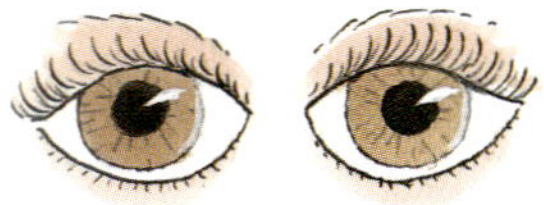 !

Was hatte er für spitze  !

Die kleine  und der 

fürchteten sich sehr. Das  klopfte

ihnen bis an die 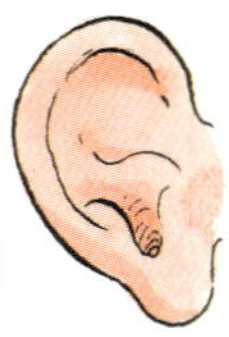  .

Der  aber wedelte nur mit

dem 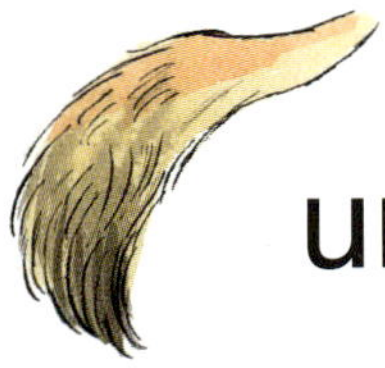 und fragte:

„Kleine , wo ist dein ?“

„Weiß nicht“, sagte die kleine .

„Hilfst du mir suchen?“

„Nein“, rief der  und lief weg.

Die kleine  und der 

gingen weiter.

„Die  fallen schon von den “,

sagte der .

„Die kleine  fröstelte und

wickelte sich fest in ihr  .

Bald fiel dichter  aus den

 . Der deckte alles zu.

Die kleine  und der 

hatten nichts mehr zu essen.

Ihr 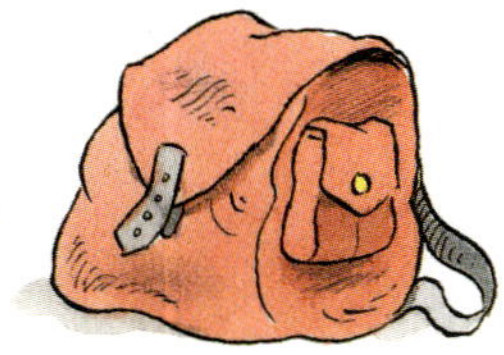 war leer.

Sie kamen an eine  .

Darin wohnte ein  .

Der öffnete ihnen die  .

Sein  war mit 

und 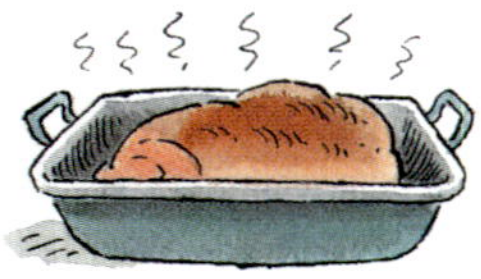 reichlich gedeckt.

Die kleine  und der 

aßen sich satt. Der  sah zu.

Dann nahm er seinen  und führte

sie durch die  zu einem

 .

Am dritten  machten sie Halt.

Der  hob den  und rief:

„Kleine , da ist dein !“

Wahrhaftig! Am 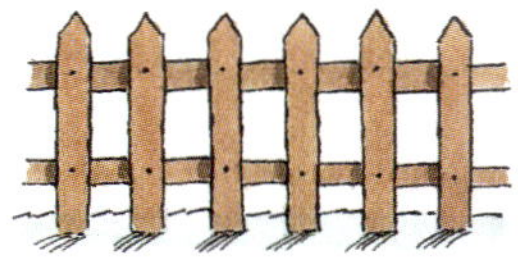 stand ein  und hielt einen  im 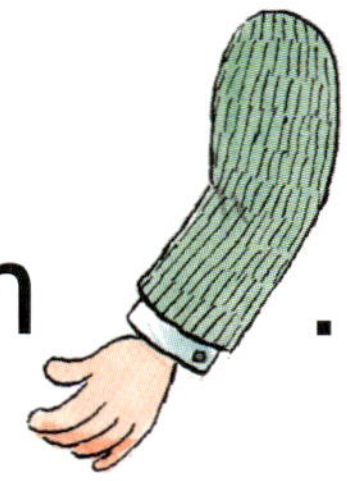.

Den  der kleinen !

Die sprang von einem 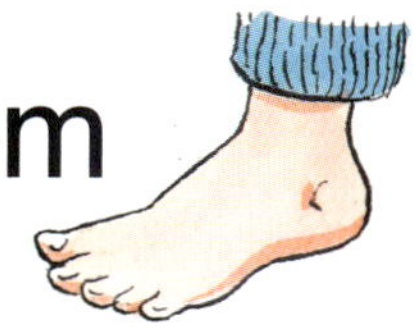 auf den anderen.

„Lieber  !“, rief sie.

„Wo hast du den  her?“

„Die  haben ihn mir in den  gedrückt“, antwortete der  .

„Sie haben den  draußen im  gefunden.“

„Der  gehört mir“, sagte die kleine  . „Gib ihn mir wieder!“

Da rollten dem  dicke 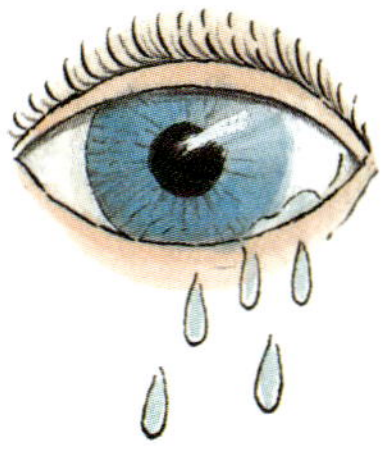 aus den 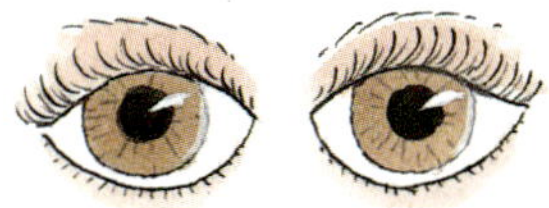 .

Der kleinen  tat das sehr Leid.

Sie rief: „Ach, , ich hexe dir,

was dein  begehrt, wenn du

mir den  zurückgibst.“

Der  sagte:

„Ich habe noch nie eine  gesehen.

Aber mein  sehnt sich danach,

seit die  mir von 

erzählt haben.“

Da lachte die kleine .

Sie klatschte in die 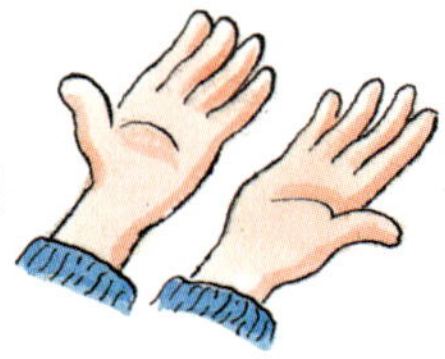, und schon

stand eine  am 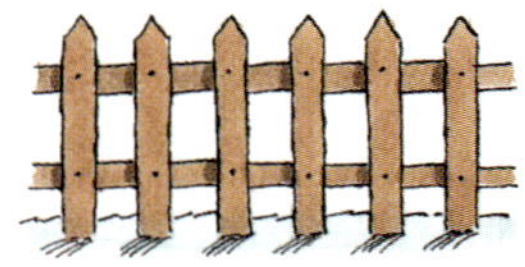.

Die pflückte sie ab. Schnell gab ihr

der  den . Sie legte

ihm dafür die  in den .

„Jetzt geht es heim!“, rief der .

Die kleine  und er hockten

sich auf den .

Wie ein braves 

trug er sie davon.

Die Wörter zu den Bildern:

Hexe 

Haus 

Wald 

Schornstein 

Tauben 

Dach 

Fledermaus 

Rabe 

Käfig 

Fenster 

Kater 

Herd 

Treppe 

Ratten 

Besen 

Mond 

Wiesen 

Felder 

Haare 

Berg 

Wolken 

Sterne 

Tür 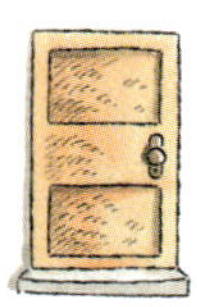

Tränen 

Weg 

Fuß 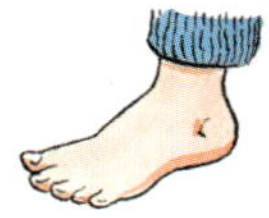

Flügel 

Augen 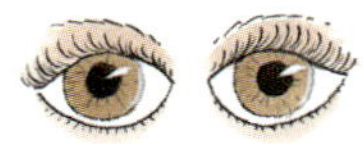

Rucksack 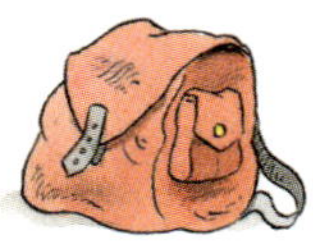

Brot 

Käse 

Äpfel 

Tuch 

Sonne 

Bach 

Pfoten 

Wasser 

Fisch 

Ente 

Wolf 

Zähne 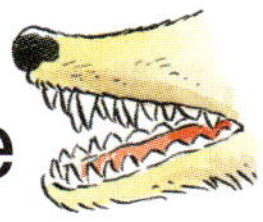

Herz 

Ohren 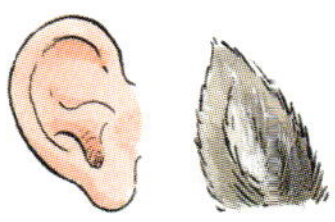

Schwanz 

Blätter 

Bäume 

Schnee 

Höhle 

Zwerg 

Tisch 

Kartoffeln 

Braten 

Stock 

Tannen 

Dorf 

Zaun 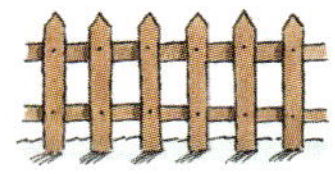

Schneemann 

Arm 

Kinder 

Sonnenblume 

Vögel 

Hände 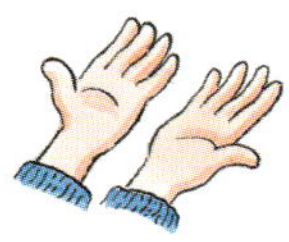

Pferd 

Drei ganz dicke Freunde

Mit Bildern von Eva Czerwenka

Erzählt von Rosemarie Künzler-Behncke

Das ist Lukas . Und das ist Julia . Sie wohnen im selben . Die beiden kennen sich schon ewig. Sie haben zusammen  fahren gelernt. Einmal wollten sie einen  fangen und sind beide in den  gefallen. Einmal haben sie  gespielt und ein  ging in 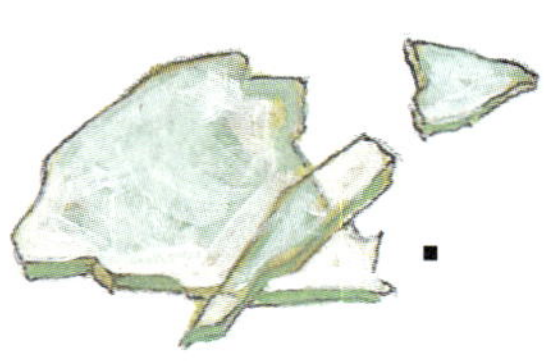.

Aber jetzt sind Ferien und 

ist am .  fühlt sich sehr

einsam. Ach, wenn doch  da

wäre! Dann könnten sie zusammen

 fahren oder eine 

bauen oder  spielen.

 schaut aus dem 

auf die .

Er zählt die  und

die .

 langweilt sich. Doch da!

Was ist das? Genau vor dem 

hält ein  und dahinter

ein . Eine , ein 

und ein  steigen aus dem

. Zwei  öffnen den

 und stellen

ein , einen , einen 

und vier 

auf die .

 schaut aus dem ,

bis der  leer ist.

Dann läuft  neugierig auf

die . Da kommt ihm

das  entgegen.

Sie hat lange blonde  und

leuchtende blaue  . Wie eine

 sieht sie aus.  kriegt

einen roten  . Ob sie merkt,

was er denkt?

 guckt auf seine  und

will schnell weg.

„Hallo!“, sagt das . „Wohnst

du hier?“  nickt mit dem .

Sein  klopft wie wild.

„Ich heiße Sarah!“, sagt das .

„Und du?“

„Lukas!“, murmelt er. Und dann zischt

 wie eine 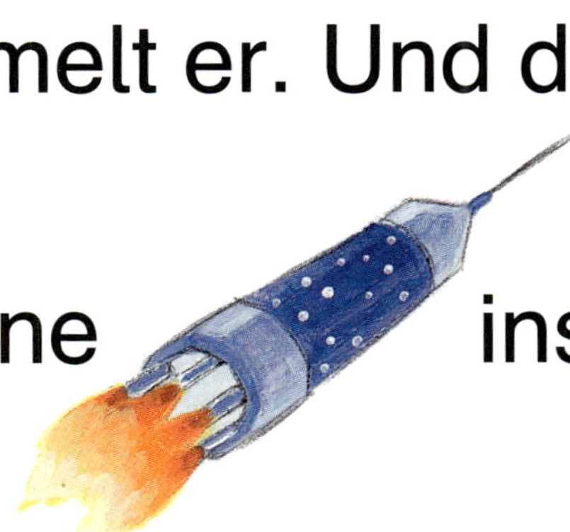 ins

 zurück.

Abends im 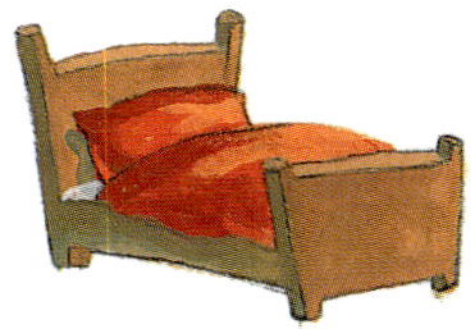 kann  nicht einschlafen. Er muss an  denken. Er möchte am liebsten den  wegschieben, damit die  aufgehen kann. Morgen will er nicht weglaufen vor .

Als die  dann wirklich scheint und  gerade sein  isst, klingelt es.

 steht vor der .

 hat einen  unter dem

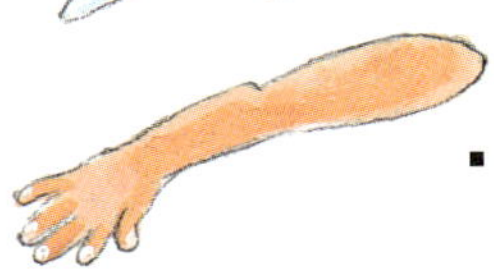. „Hey, Lukas!“, sagt sie.

„Spielst du mit mir?“ Und schon

laufen sie die 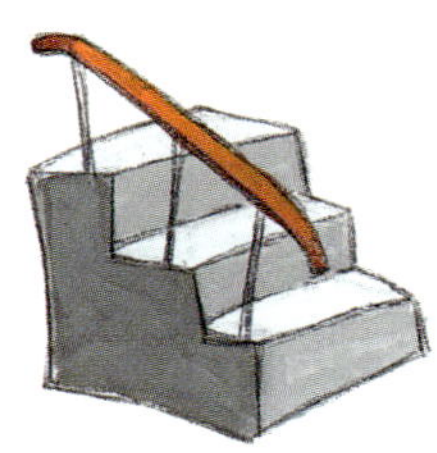 runter.

Sie spielen mit dem . Sie

rutschen auf der .

Sie wippen auf der  .

Dann legen sie sich ins  .

Die  sehen aus wie  .

Es ist schön neben  im  !

 langweilt sich überhaupt

nicht mehr. Wenn es regnet,

bauen  und 

eine  aus dem 

mit  und 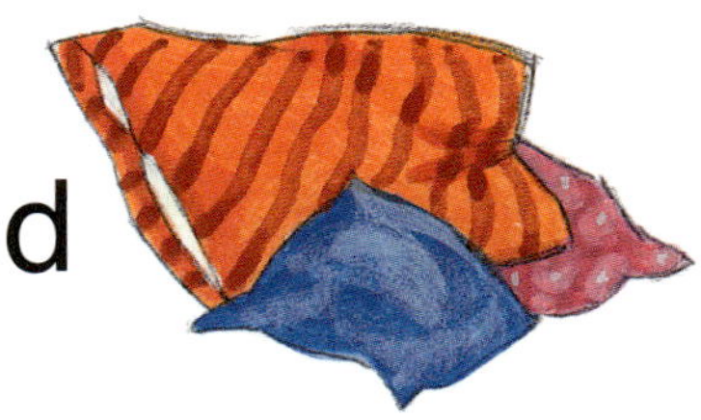 .

Ihre  liegt auf einer

einsamen  .

Rundherum tobt das wilde  .

Es ist schön mit 

in der  !

Das ist  !, denkt  ,

als es am nächsten Tag klingelt.

Er reißt die 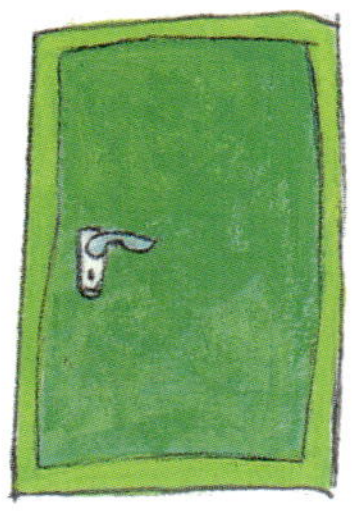 auf. Aber es ist  .

„Ich bin wieder da!“, sagt sie und

schenkt  eine große  .

 weiß nicht, was er sagen soll.

Seine 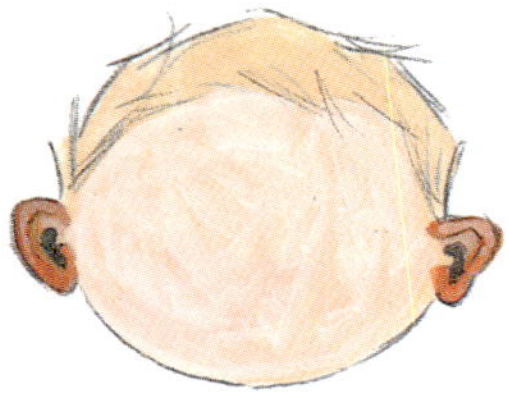 sind ganz rot.

Und da taucht auch schon  auf.

 und  schauen sich

mit großen 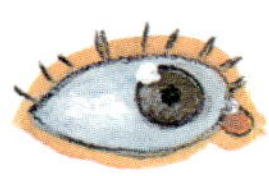 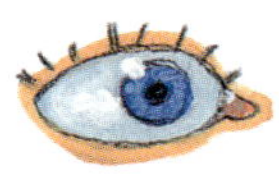 an.

„Das ist Sarah!“, sagt  zu .

„Sie wohnt

jetzt hier im .“

„Das ist Julia!“, sagt  zu .

„Sie ist vom 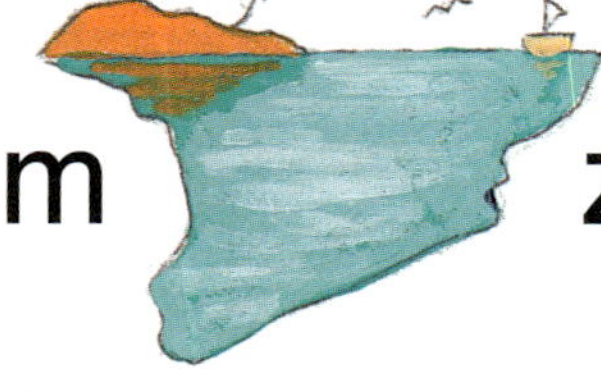 zurückgekommen.“

„Komm, ich will mit dir in unserer 

spielen“, sagt  zu .

„Nein, ich will mit 

 spielen“, sagt .

Da streckt  ihr die 

raus und rennt die  runter.

 ist ganz flau im 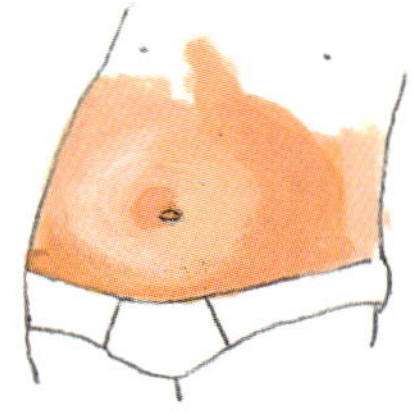.

Soll er  sagen, dass er

 ein bisschen lieber mag?

 mag er ja auch und schon

viel länger.

 sitzt auf dem 

und rollt die .

„ ist eine blöde !“, sagt sie.

 schüttelt den :

„Sie sieht wie eine  aus.“

Da klatscht  in die

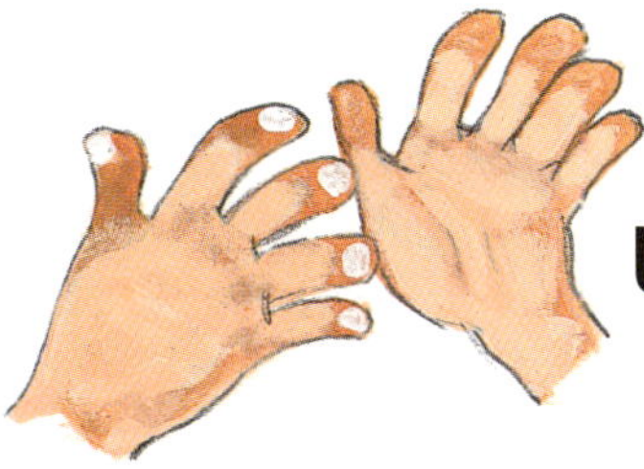 und lacht:

„Ja, wie eine  -  !“

„Hör auf!“, sagt  .

„Bist selber eine  -  .“

 tippt sich an den  .

„Du bist vielleicht ein  !“,

schreit sie.

 rennt raus und

knallt die 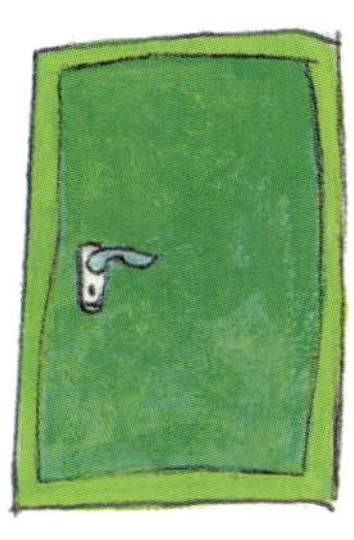 hinter sich zu.

 lässt sich

auf sein  fallen.

 ist traurig und allein.

Plötzlich klingt etwas an sein 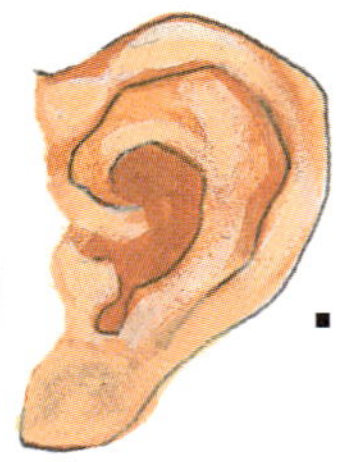.

Nanu, was ist denn im  los?

Vorsichtig öffnet  das 

und streckt den  raus.

Und was sehen seine ?

 und  spielen  und

hüpfen wie  hin und her.

Jetzt haben sie ihn entdeckt.

„Lukas, komm runter!“, ruft .

„Komm runter, Lukas!“, ruft .

Wie ein  saust 

die  runter.

Dann spielen sie zu dritt 

bis die  untergeht.

Und es gibt keine blöde 

und keine 

und keinen  mehr.

,  und  gehen

jetzt immer zusammen zur .

Meistens laufen sie 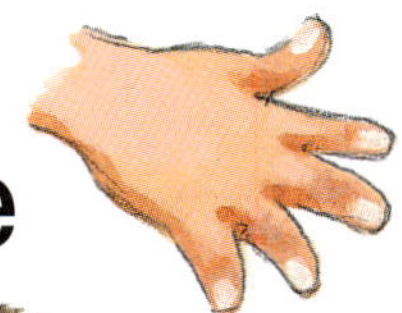 in 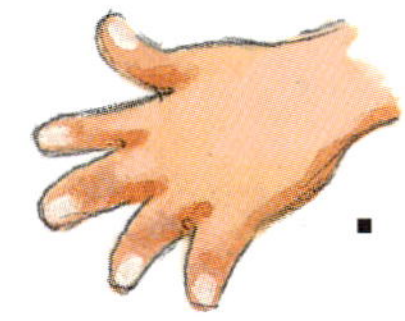.

Manchmal mag 

 ein bisschen lieber als .

Manchmal mag 

 ein bisschen lieber als .

Manchmal mag 

 ein bisschen lieber als .

Oder umgekehrt. So ist das eben.

Die Wörter zu den Bildern:

Affen 

Arm 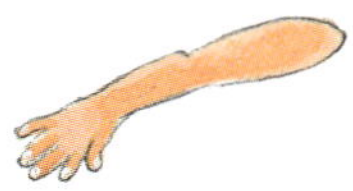

Augen 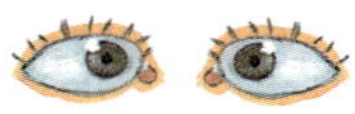

Autos 

Bach 

Ball 

Bauch 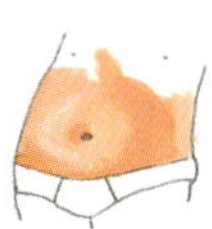

Bett 

Blitz 

Brötchen 

Busse 

Decken 

Elefanten 

Fahrrad 

Fenster 

Frau 

Frosch 

Gras 

Haare 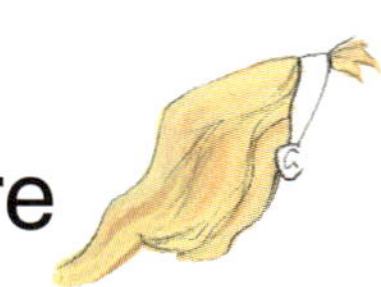

Hampelmann 

Hände 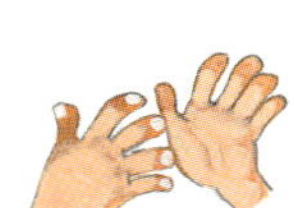

Haus 

Herz 

Hof 

Höhle 

Insel 

Julia 

Kissen 

Kopf 

Kuh 

Lukas 

Mädchen/Sarah

Mann 

Meer 

Möbelwagen

Mond 

Muschel 

Ohren 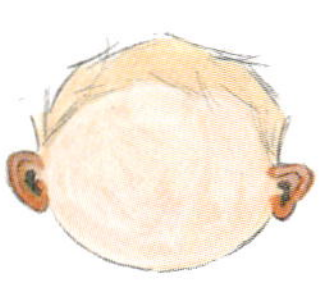

Prinzessin 

Rakete 

Rutschbahn

Scherben 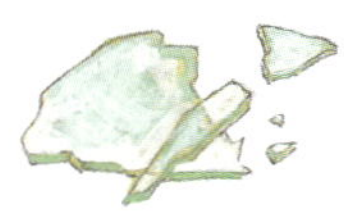

Schrank 

Schuhe 

Schule 

Sofa 

Sonne 

Straße 

Stuhl 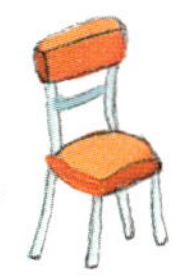

Tisch 

Treppe 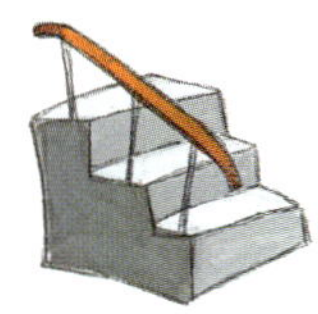

Tür 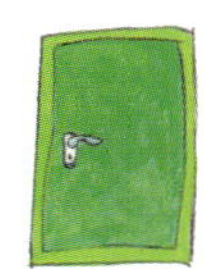

Wippe 

Wolken 

Zunge 

Ein Fußball zum Geburtstag

Mit Bildern von Erhard Dietl

Erzählt von Manfred Mai

Dieser  heißt Florian.

 ist heute  geworden

und feiert seinen  .

Dazu hat  ein 

und vier  eingeladen.

Sie heißen Kevin  und Tom ,

Lukas  und Sinan .

Das  heißt Lisa.

Alle bringen für 

 mit.

Willkommen
zum
Geburtstags
fest!

 packt die

 gleich aus.

Er bekommt ein ,

zwei 

und .

Und einen . Über den

freut sich  besonders.

Er lässt den  sofort

auf dem 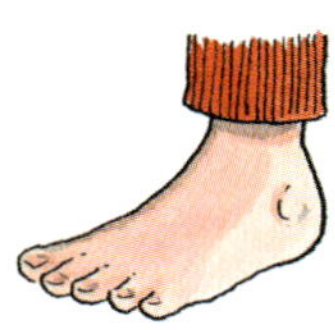 tanzen.

„Halt!“, sagt Mama . „Im 

spielt man nicht .“

Da gehen die 

mit dem  in den  .

 legt zwei 

ins  . Das ist ein  .

Zwei  sind das andere.

Nun kann es losgehen!

 bläst in die 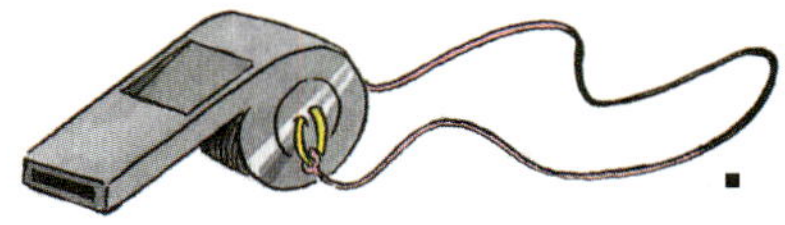.

 hat den .

Er spielt durch die 

von  zu .

Der schießt über den .

Der  trifft den 

von einem  mit .

Der  fliegt in einen 

und landet auf einem .

„Treffer!“, ruft der  .

Die  , die den  schiebt,

schimpft. Doch das 

stubst den  aus dem  .

Genau in eine  .

„Treffer!“, sagt die  und lacht.

Der  schimpft, nimmt seinen

 und geht weiter.

Ein  auf  wirft

den  zurück über den 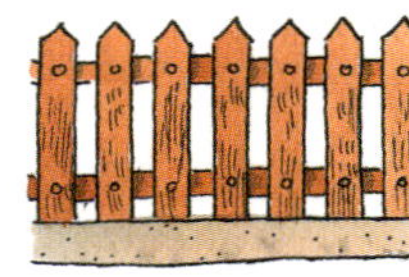.

 führt den  sehr

geschickt, umdribbelt 

und läuft aufs  zu.

 kann ihn nur noch an der 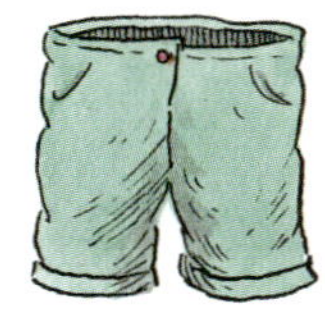

fest halten. Die 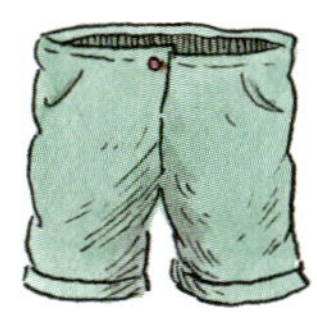 rutscht nach

unten. Alle sehen den nackten 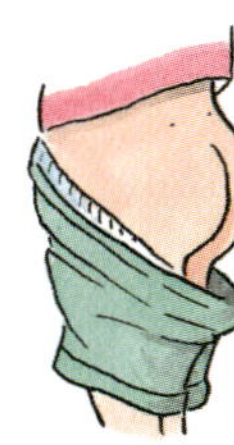

von  und lachen.

„Ha, ha, ha!“, macht .

„Ihr habt wohl noch nie

einen 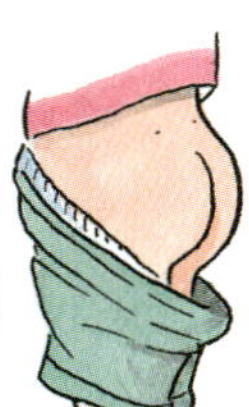 gesehen, was?“

Wütend schnappt sich 

den  und schießt ihn

an  vorbei ins  .

Dann reißt er die 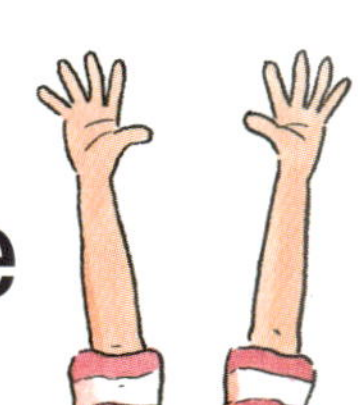

hoch und jubelt.

 hat zwei linke 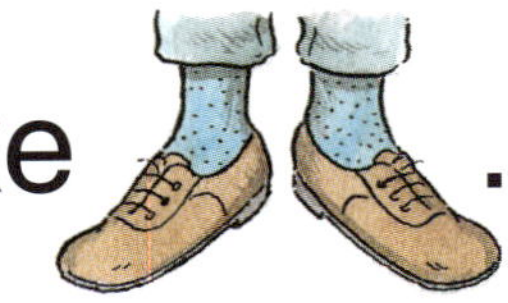.

Er trifft den  nie

richtig.  lacht ihn aus.

Da nimmt er den  in die

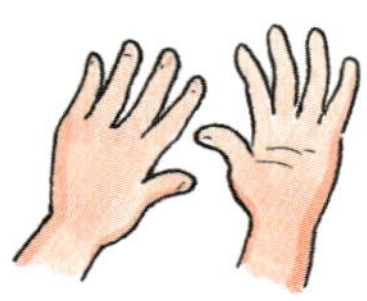 und wirft nach .

„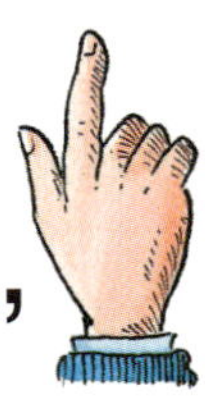!“, ruft . „Das

gibt  - Meter!“  holt

den .  steht

in ihrem  und

lauert wie eine .

 läuft an und schießt.

Der  fliegt hoch über

 und über den 

in den  nebenan.

„Spinnst du!“, ruft .

 geht zum 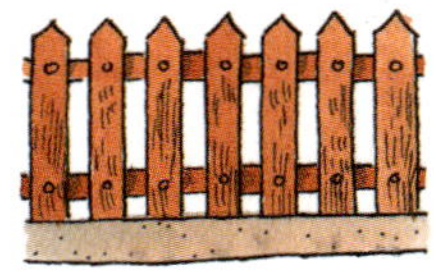 und

guckt hindurch. Sein 

liegt mitten im .

„Kommt mit, wir holen ihn“, sagt .

Die  laufen schnell

zum  hinaus auf

den 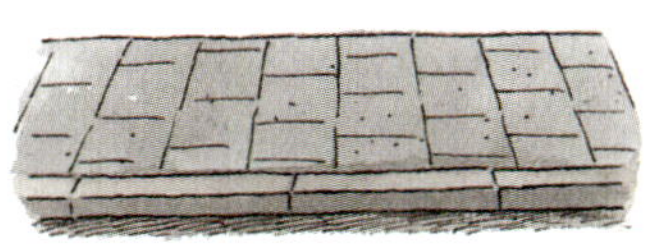. Dann schleichen

sie am  entlang

bis zum nächsten .

„Du musst den  holen“,

flüstert . „Aber ihr

müsst mitkommen“, sagt .

„Allein traue ich mich nicht!“

Die  schleichen durch

das , am  vorbei.

Plötzlich bellt ein .

Die  erschrecken

und verstecken sich

hinter dem .

 sieht, dass der 

an seiner  angekettet ist.

 geht zu seinem .

Sein  klopft wie wild.

Der  bellt und zerrt

an der .

Die  hält und 

kann seinen  holen.

Mit dem  unter dem 

rennt er am  vorbei

aus dem . Ihm hinterher

rennen die anderen .

Erst vor dem  von 

bleiben die  stehen.

Alle haben weiche 

und klopfende .

 möchte weiterspielen.

 schaut ihn mit großen

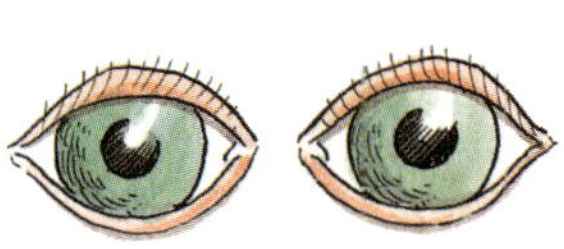 an. „Holst du dann

den , wenn er wieder

über den  fliegt?“

„Ich schieße nicht über

den 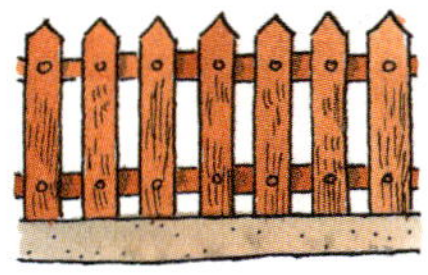 “, behauptet  .

„Ich kann ja  spielen.“

 mag nicht mehr.

Während die  noch

streiten, kommt 

zur  heraus. „Jetzt gibt’s

 für alle. Wer will

denn ein  ?“

„Ich !“, rufen alle  .

HAPPY BIRTHDAY

Der  steht
schon auf dem 
 bläst alle 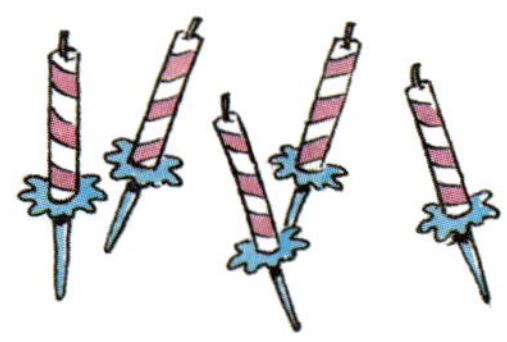
auf einmal aus.  teilt
den  aus und gießt

in die .
Nach der Aufregung mit dem 
im  und mit dem
bellenden  schmeckt
der  natürlich besonders gut.

Die Wörter zu den Bildern:

Arme 

Augen 

Auto 

Baby 

Bäume 

Beine 

Blumenbeet 

Bücher 

Buggy 

Bürgersteig 

Elf 

Frau 

Fünf 

Fuß 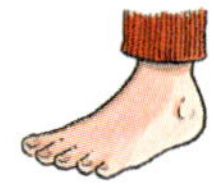

Fußball 

Garten 

Gartentor 

Geburtstag 

Geburtstags-
kuchen 

Geschenke 

Glatze 

Gras 

Hand 

Haus 

Herz 

Hose 

Hund 

Hut 

Hütte 

Inlineskates 

Junge/Florian 

Katze 

Kerzen 

Kette 

Kevin 

Kinder 

Knie 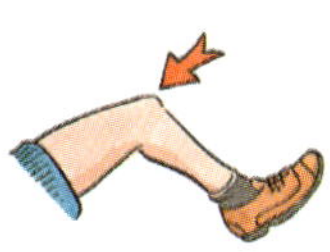

Kuchenstück 

Lukas 

Mädchen/
Lisa 

Malstifte 

Mama 

Mann 

Milch 

Pfütze 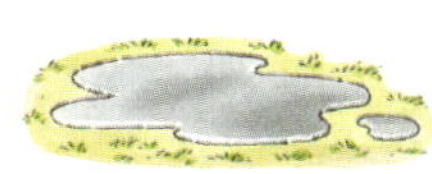

Po 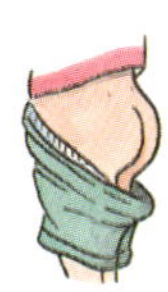

Rennauto 

Sinan 

Steine 

Tassen 

Tisch 

Tom 

Tor 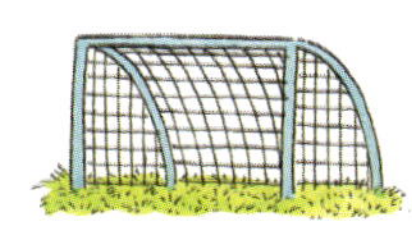

Trillerpfeife 

Tür 

Zaun 

Marlis Scharff-Kniemeyer/
Rosemarie Künzler-Behncke
Es war einmal ...
Die schönsten Märchen mit vielen Klappen
Von Aschenputtel, Frau Holle und den Bremer Stadtmusikanten erzählt dieses fantasievoll illustrierte Buch und lädt zu einer Reise durch elf der beliebtesten Märchen ein. Ein Spielbilderbuch mit 20 Klappen.
ISBN 3-473-**33027**-2

Meine schönsten Bilderbuchgeschichten
Willst du was erleben? Dann komm mit Bär Brumm auf große Fahrt oder verbring mit Frosch und Maus einen aufregenden Tag am Meer. Sechs spannende Bilderbuchgeschichten laden zum Vorlesen, Betrachten und Erzählen ein. Hier findet jeder seine Lieblingsgeschichte!
ISBN 3-473-**32332**-2

Über 30 Geschichten!

Regine Altegoer/Ingrid Uebe
Sandmännchen geht leise, leise auf die Reise ...
Rund 30 Geschichten und Verse erzählen von Sandmännchens Reisen. Jeden Abend macht es sich mit dem feinen Traumsand im Gepäck auf eine lange Reise mit seinem Segelboot. Wo immer Menschenkinder, Tiere oder Gespensterchen nicht einschlafen können oder wollen, hilft es ein wenig nach. Und wer ganz leise mit auf Traumreise geht, erfährt auch, wo das Sandmännchen wohnt.
ISBN 3-473-**33795**-1

Christine Georg/Manfred Mai
Bitte! Danke!, sagt der kleine Fuchs
Klar weiß der kleine Fuchs, dass man „Bitte" und „Danke" sagen soll, aber oft hat er keine Lust dazu. Doch beim Spielen mit seinen Freunden erkennt der kleine Fuchs selbst, dass die Zauberwörter Wunder wirken ...
ISBN 3-473-**33069**-8

Dagmar Geisler/Erwin Grosche
Meine ABC-Reise
Prächtige Entdeckungsseiten mit überraschenden Klappen, witzigen Reimen, Sprachspielereien und Nonsensversen machen Lust aufs Erkunden von Buchstaben, Lauten und Begriffen.
ISBN 3-473-**33020**-5

7 Bilderbücher in einem!

Ein Traumstern für dich ...
und andere Bilderbuchschätze
Ob Alltagserlebnisse oder fantastische Erzählungen – hier ist sicher für jeden Geschmack etwas dabei. Eindrucksvolle, farbenprächtige Illustrationen entführen kleine und große Leser in fantastische Bilderbuchwelten. Ein wahrer Fundus für traumhaft schöne Vorlesezeiten.
ISBN 3-473-**33982**-2

Ravensburger

Quellenverzeichnis

„Die Abenteuer des kleinen Piraten"
mit Illustrationen von Markus Grolik
und Text von Ingrid Uebe,
erstmals erschienen im Ravensburger Buchverlag 1997.
© 1997 Ravensburger Buchverlag

„Jonas geht in die Schule"
mit Bildern von Dagmar Geisler
und Text von Rosemarie Künzler-Behncke,
erstmals erschienen im Ravensburger Buchverlag 1998.
© 1998 Ravensburger Buchverlag

„Der kleine Dachs macht eine Reise"
mit Bildern von Leontine Schmidt
und Text von Rosemarie Künzler-Behncke,
erstmals erschienen im Ravensburger Buchverlag 1995.
© 1995 Ravensburger Buchverlag

„Wo ist Dein Besen, kleine Hexe?"
mit Bildern von Erhard Dietl
und Text von Ingrid Uebe,
erstmals erschienen im Ravensburger Buchverlag 1996.
© 1996 Ravensburger Buchverlag

„Drei ganz dicke Freunde"
mit Illustrationen von Eva Czerwenka
und Text von Rosemarie Künzler-Behncke,
erstmals erschienen im Ravensburger Buchverlag 1998.
© 1998 Ravensburger Buchverlag

„Ein Fußball zum Geburtstag"
mit Illustrationen von Erhard Dietl
und Text von Manfred Mai,
erstmals erschienen im Ravensburger Buchverlag 1997.
© 1997 Ravensburger Buchverlag

4 3 2 1 09 08 07 06

Illustrationen Umschlag und Innentitel: Angela Weinhold
Printed in Germany · ISBN 3-473-33065-5
Distr. CH: Carlit + Ravensburger AG · Grundstr. 9 · CH-5436 Würenlos

www.ravensburger.de